そのまま使える！

介護事業のBCP
Business Continuity Plan
策定ガイド

合同会社JMCA 監修　渡邉敬二・鈴木正士 著

中央経済社

発刊にあたって

2024年４月より，介護施設・事業所に対してBCP（Business Continuity Plan；事業継続計画）の策定が義務化（経過措置期間の終了）されます。もとより介護事業者の責務として，多様なリスク管理，利用者の期待に応える経営，そして役職員の高い危機管理意識が希求され，事業所に勤務するスタッフの業務資質の向上が求められています。

本書は，地域の高齢者等介護事業者に求められる，自然災害，火災，感染症蔓延，介護事故など不測の事態に備えるBCPの策定について，基本的な考え方から策定後の運用まで，ひな型などを織り込み平易に解説しています。さらに，収録した様式・図表などを活用して，そのままBCP策定に使えるよう編集しました。

本書の特長は，次のとおりです。

(1) 厚生労働省ガイドラインの内容に準拠し，平易にBCPの策定が可能です。
(2) 想定される多様なリスクを網羅しているため，実務的な対応の計画化が可能です。
(3) 記入例として多くの実例を収録しているため，BCP策定にあたっての疑問や諸課題を具体的に解決できます。

なお，本書の構成と使い方は，次のとおりです。

(1) 第１章でBCPの基本的事項と重要点をQ&A形式で要約しました。
(2) 「訪問介護・訪問看護」「通所介護」「居宅介護支援」事業所のBCP策定は，第２章を自事業所の事業所在地や所在地のハザードマップ，職員名に置き換え，記載サンプルを参考に自事業所にあてはまるように記載を変更するだけで，BCPが出来上がります。準備を予定していないものについては削除するか，「予定なし」「０」と記載してください。より深く理解されたい方は，第３章の記載例等を参考に書き換えてください。

(3)　中央経済社のホームページから，「BCPのWordファイル様式（ブランクフォーマット）」のダウンロードが可能です。

本書は，介護施設・事業所の経営幹部・一般の職員はもちろんですが，顧問税理士，行政書士など事業者の経営支援にあたる士業や主要な取引先の皆様にご活用いただければ幸いです。

なお，BCPは，ただ策定をすればよいのではなく，常に検証し，必要に応じて見直しをする必要があります。関連事業者の皆様には，ぜひともご対応をよろしくお願いいたします。

本書の発刊にあたり，渡邊敬二氏，鈴木正士氏には，これまでの知見を基に，BCP策定の実務に役立つご執筆をいただき，厚く御礼を申し上げます。最後に，本書の企画・編集・刊行にあたり，協力団体専門家や中央経済社編集部の飯田宣彦氏より多大なるご支援をいただきました。ここに心より謝意を表する次第です。

2024年１月

一般社団法人日本経営調査士協会　経営支援事業指定法人

合同会社JMCA　代表社員　**下田　秀之**

目　次

第 1 章

介護事業のBCP 早わかりQ&A

BCPとは

Q　最近，BCPという言葉を耳にしますが，BCPとは何でしょうか？

A　BCPとは「Business Continuity Plan」の頭文字を取った言葉で，「事業継続計画」の意味です。

Q　BCPとはどういうものですか？

A　BCPとは，会社や施設が台風や地震で被災した場合に，被災していない建物や出勤できる職員で介護事業等を再開させるための計画です。

Q　BCPは防災計画と同じものですか？

A　違うものです。防災計画は，災害から人命や財産を守るための計画で，避難計画の策定や防災設備を整備して災害時の住民の安全を図ります。BCPは，施設が被災した後に介護事業を再開・事業を継続することに重点を置いた計画です。

BCPの策定方法

Q　BCPの策定・運用のポイントは何ですか？

A　介護施設などで働く皆さんの意見や知恵を出し合いながら策定するのがベストですが，やむを得ない場合は経営者・施設長が策定します。この時に重要なことは，策定したBCPを全スタッフで共有し，研修・訓練を実施することによって，いざという時に対応できるようにすることです。

Q　BCPはどのくらいのレベルで策定しないといけないのですか？

A　基本的にはこのくらい作り込まないといけないというレベル感は設定されていません。レベル感は各施設で設定するものです。そういった意味では，義務化初年度は実現可能な範囲とレベルで策定し，継続的にレベルアップしていくことが重要です。

Q　BCPはいくつ作成しないといけないのですか？

A　基本的に１事業拠点で１つのBCP作成が必要です。言い換えると，１住所につき１つ作成となります。１つの場所で「居宅介護支援事業」「サービス付き高齢者住宅事業」「訪問介護事業」を行っている場合でも，基本的に１つのBCP作成でカバーすることができます。

Q **BCPコンサルタントを活用したほうがいいですか？**

A 正直，介護事業のBCP策定はそれほど難しいものではありません。ある程度の時間をかければ経験がなくても策定できます。BCPコンサルタント活用のメリットは，やはり数多くの作成経験があるため，効率よくレベルの高いBCPが策定できることにあります。三人寄れば文殊の知恵です。

また，介護事業のBCPでは命に序列をつける事態も発生します。それについて，第三者的立場で客観的に判断する役割を持たせることができます。

介護施設のBCPの特徴

Q **介護施設のBCPが他の業種と大きく違うところは何ですか？**

A 介護という事業性から，利用者の命と直結する計画になります。被災時には，事業継続を考慮した緊急対策と同時に高齢者の命を守ることが優先され，避難が最も高い優先順位となります。

Q **BCP策定にあたり，まずやることは何ですか？**

A 施設の場所において，どのようなBCPを発令する災害が起こり得るのかを予測します。市区町村が作成する「ハザードマップ」や地域伝承の「災害痕跡」を利用して予測します。

Q　高齢者の避難における留意点は何ですか？

A　災害での避難には，上の階に避難する「垂直避難」と避難所へ避難する「水平避難」があります。「水平避難」の場合，災害の状況次第で近い距離でも移動できない場合もあります。いずれにしても，限られたスタッフで，歩行が困難な車椅子等の高齢者をどうやって安全な場所に避難させるのかの検討が重要です。

Q　建物や設備における留意点は何ですか？

A　新耐震基準は昭和56年（1981年）に開始され，平成12年（2000年）の建築基準法改正で新・新耐震基準（2000年基準）が実施されました。その後も，大規模な地震の教訓を活かして，都度，改正されています。新耐震基準および新・新耐震基準で建てられた建物は比較的頑丈です。

Q　災害に備えた備蓄は何日分必要ですか？

A　食料・衛生材料・トイレットペーパー，そして紙おむつやシート等，たくさんの備蓄が必要です。標準備蓄日数は３日分といわれていますが，個々の施設に合わせた日数設定の検討が必要となります。必ず何日分準備しないといけないという決まりはありません。

Q　被災時・被災後は何をすればいいのですか？

A　それを考える機会がBCPです。策定時もしくは策定後，平常時から研修や訓練を実施し，各職員が担当業務の中で何ができるかをシミュレーション（模擬事態の想定）してよりよい方策について全員で考えることが重要です。

Q　BCPのボトルネックは何ですか？

A　被災後の事業継続にはさまざまな障壁があります。被災後に施設を再開させようとする場合の代表的なボトルネックは以下のとおりです。事業継続のためにこれらのボトルネックをいかに解決するかも，BCPの重要な課題です。

［介護事業のBCPのボトルネック］

①　職員不足（職員も被災している）
②　電気や水道が止まる
③　修理を依頼しても修理業者が被災して訪問できない　等

Q　BCP策定を行わなかった場合，どのような罰則がありますか？

A　その介護施設の監督機関によって対応が変わりますが，介護報酬の減算が見込まれています。

第2章

介護事業のBCP完成イメージ

事業継続計画

法人名	株式会社○○	事業所名	デイサービス○○
種別	通所介護・居宅介護支援		
代表者	○○　○○	管理者	○○　○○
所在地	静岡県○○市○○ ○○	電話番号	○○○○○○

1．基本方針

p.46

当社は，以下の基本方針に基づき，緊急時における事業継続に向けた対応を行う。

チェック	基本方針
☑	人命（職員・利用者）の安全を守る
☑	サービスを維持する
☑	利用者からの信用を守る
☑	社会的責任を果たし，職員の雇用を守る
☐	
☐	

2．被害想定

(1) ハザードマップなどの確認 → p.47

当社の事業拠点において，事業活動に影響を与えることが想定される自然災害は，下記のとおりである。

○地震

- 今後30年以内に南海トラフ巨大地震（マグニチュード9.0）が発生する確率：70％
- 液状化について，事務所周辺は調査対象外のため危険度は不明だが，静岡県公表資料(※)によると危険度は低い想定となっている。

※公表資料：静岡県第４次地震災害想定　南海トラフ巨大地震基本ケース　高洲地区（南部）液状化　可能性分布図。

記載内容：「高洲地区の南部の地盤は瀬戸川および大井川の扇状地であり，礫室地盤が主体です。このため，特に液状化の可能性が高い場所は少ない想定となっています。」

震度分布図

○風水害

- 自治体想定最大規模が発生すると，浸水するおそれは低いが，近隣が浸水地域（浸水深 0.5m未満）に入っている。
- 気候異変による線状降水帯・竜巻等のインシデントを研究し，利用者・職員の避難に特化した対策を検討する。

水害ハザードマップ

自治体提供のハザードマップは大井川水系，瀬戸川水系，栃山川水系の各河川の堤防決壊等が発生した場合の最大浸水予想を記載している。

(2) 被災想定 p.50

① **自治体公表の被災想定**

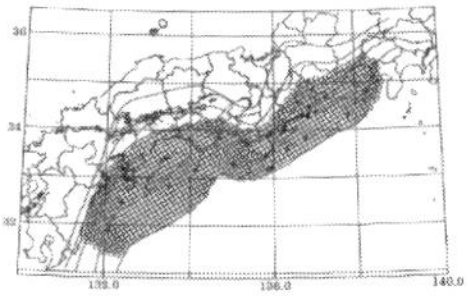

- 想定地震：南海トラフ巨大地震
- 震源：太平洋沖（南海トラフ）（震源域は右図参照）
- 規模：マグニチュード9.0

【交通被害（一般被害想定）】

交通	被害想定
道路	各地で通行止め，３日後災害対策車両の優先通行。
鉄道	鉄道は運休。バスは順次運行再開（鉄道代行も含む）。

従業員の帰宅困難の可能性：通行止め・公共交通機関運休になった場合，車通勤・電車通勤の従業員は，徒歩での通勤・帰宅になる。

【ライフライン被害（一般被害想定）】

ライフライン	被害想定
上水道	発生直後に断水。３日後に自衛隊による給水。１か月後にようやく断水が７％に縮小する見込み。利用者の飲料水の確保が困難になる。
下水道	施設の下水に支障があった場合，排泄介助が困難になる。
電気	発生直後に市内全域で停電。24時間後には２割通電，１週間後にほぼ停電解消。 電灯や暖房を代替できるものの提供が必要になる。また，PCを起動できない。
ガス	発生直後に供給停止。１か月後にほぼ復旧。 施設で供給停止が起きた場合，食事介助や入浴介助が困難になる。
通信	発生直後から輻輳回避のため，通話制限が実施。 24時間後にパケット通信は復旧，通話支障も４日後には解消。通信に障害が起きた場合，従業員・利用者・利用者家族との連絡が取れず，サーバ・クラウド内のデータにアクセスできなくなる懸念がある。

②　自施設で想定される影響

	当日	2日目	3日目	4日目	5日目	6日目	7日目	8日目	9日目
電力	停電		復旧	→	→	→	→	→	→
飲料水	断水								
生活用水	断水								
ガス	供給停止								
公衆回線	不通（被災によっては早期の可能性有）				復旧	→	→	→	→
携帯電話	不通				復旧	→	→	→	→
メール	不通	復旧	→	→	→	→	→	→	→

3．重要サービス提供のための対策

(1) 優先する事業 p.54

〈優先する事業〉

① 通所介護

② 居宅介護支援

〈当座停止する事業〉

① 施設の被災状況によっては通所介護，居宅介護支援を停止

② 事業所内で集団感染が疑われる場合，通所介護，居宅介護支援の停止を検討

※被災状況により上記サービスの提供に必要な人員および設備の確認を行い，サービスの縮小・停止の判断を行う。

※縮小・停止を余儀なくされた場合には，安全確保を最優先としながらもサービス再開に向けて復旧作業を実施する。

※サービス利用者の中には独居の方がいるので，すべてのサービスを利用停止するのではなく，状況によって優先順位を設けて食事提供および排泄介助は継続する。

(2) 優先する業務 p.57

優先業務	必要な職員数			
	朝	昼	夕（～19時）	夜間
通所介護	9人	9人	9人	
食事の提供（非常食）	2人	3人	3人	
排泄の介助（トイレ）	5人	5人	5人	
入浴の介助（風呂・シャワー）	6人	6人	－	
（送迎）	4人	－	4人	
居宅介護支援	1人	1人	1人	

※状況により優先順位を設け必要なサービスを限定的に行う。
※居宅介護支援業務は，状況に応じてオンラインにて対応する。

4．平常時の対応

(1) 建物・設備の安全対策 ➡ p.59

① 建物

場　所	対応策	備　考
デイサービス〇〇 木造平屋建て200㎡ 建築年月：平成23年５月	必要なし （震度６強対応）	平成12年 新・新耐震基準対応

② 設備

設　備	対応策	備　考
建物（柱）	必要なし	平成12年 新・新耐震基準対応 （平成23年５月築）
建物（壁）	必要なし	平成12年 新・新耐震基準対応 （平成23年５月築）
パソコン	不在時はキャビネット収納	デスクトップ　なし ノート　３台
複合機	キャスター付きロック	１台
ルータ	机上に据え置き	１台
サーバ（オンプレ）	サーバラック内収納	１台
UPS		なし（〇〇年〇月設置を検討）
サーバラック	転倒防止器具　今後検討	１台
キャビネット	転倒防止器具　今後検討	２本
書庫	転倒防止器具　今後検討	２本
本棚		なし
金庫		１個（書庫内に格納）

③　情報収集・伝達機器類の整備

機器分類	設置場所	数　量
テレビ・ラジオ	フロア	テレビ　１台 ラジオ　４台
インターネットに接続したPC・タブレット端末	事務室	デスクトップパソコン　なし ノートパソコン　３台 タブレット　なし
電話・FAX	事務室	１台
携帯電話・スマートフォン	事務室	社用　１台 職員私物各自所有
電池・非常用電源	フロア	各種電池備蓄（単１，３，４） 各10個（単３，30） ⇒今後拡充予定 非常用電源　あり　※ガソリン駆動

④　水害・暴風対策

項　目	対応策
浸水による危険性の確認	洪水ハザードマップにて確認済み （最大で0.5mまでの被害を想定）
外壁のひび割れ，欠損，膨らみはないか	なし
開口部の防水扉が正常に開閉できるか	なし
暴風による危険性の確認	なし
外壁の留め金具に錆や緩みはないか	なし
屋根材や留め金具にひびや錆はないか	なし
窓ガラスに飛散防止フィルムは貼付しているか	なし
シャッターの二面化を実施しているか	あり
周囲に倒れそうな樹木や飛散しそうな物はないか	高い木あり　※今月伐採予定

(2)　非常用備蓄　➡ p.66

①　防災備蓄

帰宅困難となった従業員・利用者のライフライン確保を想定し，防災備蓄（原則３日分）を準備する。

備蓄品目	内　容	数　量
水	ペットボトル入り飲料水（500mℓ，２ℓ）	あり　今後拡充予定
食料	保存食	あり　今後拡充予定
防寒具	毛布，マット，寝袋，バスタオル	あり　今後拡充予定
トイレ	簡易トイレ・消臭固形剤	あり
衛生用品	ボディシート，常備薬，生理用品など	あり
保冷剤		あり　今後拡充予定
懐中電灯		４台
乾電池		あり　今後拡充予定
名簿	あり（職員，利用者，利用者家族分）	○○ソフト（クラウドサービス）
避難ルートマップ		なし
救急用品	外傷用傷薬，包帯，絆創膏，三角巾など	あり
移動用車両		社用車　８台 社用自転車　１台

※備蓄品等に関しては，定期的な日常点検を実施する。

②　感染症対策備蓄

備蓄品目	内　容	数　量
マスク		常備
マスク（小さめ）		常備
体温計		常備
体温計（非接触型）		常備
ゴム手袋　S		常備
ゴム手袋　M		常備
ゴム手袋　L		常備
防御着エプロン（使い捨て）		常備
キャップ		常備
シューズカバー		常備
消毒用アルコール		常備
パルスオキシメーター		常備
汚物処理用布（雑巾等）		常備

汚物処理用漂白剤		常備
ビニール袋・輪ゴム		常備

(3) ライフライン停止に対する対策 p.73

① 電気が止まった場合の対策

稼働させるべき設備	対　策
情報機器：PC，インターネット	モバイルバッテリー
家電：冷蔵庫	保冷剤
照明：照明	懐中電灯，乾電池
暖房：エアコン	毛布，マット，寝袋，バスタオル

② ガスが止まった場合の対策

稼働させるべき設備	対　策
調理器具：ガスコンロ	カセットコンロ，ガスボンベ
給湯設備：給湯器	やかん・鍋およびカセットコンロで代用

③ 水道が止まった場合の対策

ア．飲料

297ℓ（（常駐職員９名＋常駐利用者24名）×９ℓ（１日３ℓ×３日分））を確保しておき，保存期間に留意する。

今後拡充予定：ウォーターサーバー導入検討，倉庫にて備蓄予定

イ．生活用水

「トイレ」は簡易トイレの使用，「食事」は紙皿・紙コップの使用，「入浴」は清拭で対応し，生活用水を削減する。給水車から給水を受けられるよう，ポリタンクなど十分な大きさの器を準備する。

④　通信が麻痺した場合の対策

固定電話　1台
事業所のスマートフォン　2台
職員全員の携帯電話　各1台（メール，LINE，グループLINEの利用）

<電源>

モバイルバッテリー
手回しバッテリー

<非常用通信>

● 災害用伝言ダイヤル171の利用

被災後に電話（携帯電話を含む）が使用できなくなることを前提に「NTT171（災害用伝言ダイヤル）」を活用し，自らが安否の確認を積極的に行う。

安否報告に視点を置き，平時に171の使用講習会等を開催する。

● ファイブゼロジャパン

（災害時に大手通信業者3社が公衆無線LANのアクセスポイントを開放する。通信機器のWi-Fiネットワークに「00000JAPAN」が表示されていたら，選択することで利用可能。災害発生後1週間ほどは開放される。）

⑤　システムが停止した場合の対策

ア．電力供給停止によりサーバ等がダウンした場合の対策

① モバイルバッテリーにより電力供給
② モバイルバッテリーが利用不可能な場合は，手書きによる。
③ データ類の喪失に備えて，定期的にデータのバックアップを行う。
④ いざという時に持ち出す重要書類を準備しておく。
重要書類：利用者名簿（利用者一覧），緊急連絡網，本BCP
※○○ソフト（クラウド）

イ．災害以外の原因でシステムが停止した場合の対策

システム原因別の対策

項　目	対　策
①サイバー攻撃	システム保守ベンダーやセキュリティの専門家に相談する
②アクセス集中	負荷の軽減（クラウドの活用等）
③人為的ミス	操作手順や作業手順のミスなどが原因であるが，早めにシステム保守ベンダーに原因特定を依頼する。
④ハードウェアの故障	ハードディスクの劣化が原因の場合が多く，復帰が不可能なケースが大半であり，日常のバックアップが重要である。

⑥　衛生面（トイレ等）の対策

ア．トイレ対策

（利用者）

1．簡易トイレを備蓄しておく。

2．電気・水道が止まった場合は，速やかに簡易トイレ（仮設トイレ）を所定の箇所に設置する。

3．排泄物や使用済みのオムツなど保管する場所を決める。

（職員）

1．利用者用とは別に，職員用の簡易トイレ（仮設トイレ），生理用品を備蓄しておく。

2．その他利用者に準ずる。

イ．汚物対策

汚物収集用ペールのビニール袋を二重にし，業者の収集開始まで保管する，ただし，取扱い時にはゴム手袋・N95防護マスクを使用する。

⑦ 資金手当て

1．保険

火災保険	休業損害保険	業務災害保険	賠償責任保険
加入済み 補償限度額１億円 （三井住友海上火災保険株式会社） 地震保険：あり 水害特約：なし	加入検討中	加入済み （三井住友海上火災保険株式会社）	加入済み （三井住友海上火災保険株式会社）

その他，代表者個人生命保険で貸付制度あり

2．運転資金

✓	会社財務状況として３か月分程度の従業員給与および家賃等必要経費の確保はできている。
✓	共済等の契約者貸付制度を利用できる。 （制度名：中小企業倒産防止共済）
✓	金融機関の融資を利用できる。 （金融機関名：○○信用金庫　○○支店）

3．手元金

被災時に預金が引き出せない状況を想定し，金庫にいくらかの現金を用意している。

(4) 感染症対策 ➔ p.88

国内の感染症は蔓延のスピードや罹患時の危険性（死亡率）により「感染症予防法で１類～５類に区分されている。

感染症の分類・発生状況により事業の継続に支障をきたす可能性がある。

利用者は一般人に比べ相対的に体力が弱い。また職員は，業務特性上利用者との接触が多く，感染症への感染リスクが高い。

【本BCPで主に対象とする感染症】

① 新型インフルエンザ➡A・B型インフルエンザ，新型コロナウイルス，MERS・SARS等
② 感染症胃腸炎➡ノロ・ロタ・アデノウイルス，腸炎ビブリオ，サルモネラ等
③ 腸管出血性大腸菌感染症➡腸管出血性大腸菌感染症（O157・O26・O111等）
④ 気候変動や国際化等を考慮し，海外で発生した新たな感染症

上記感染症は予防法上，隔離などの対応は求められていないが，事業の継続に支障をきたす可能性があるため対象とする。

また，地域における状況（緊急事態宣言が出されているか否か，居住する自治体の情報を参考にすること）も踏まえ，職員間での情報共有を密にし，感染予防に向けた取組みを職員が連携して進める。

① 新型インフルエンザ等感染症に関する最新情報の取得

本BCPの対象となる「新型インフルエンザ」「感染症胃腸炎」「腸管出血性大腸菌感染症」ならびに「海外で発生した新たな感染症」を常時監視し，最新情報（感染状況，政府や自治体の動向等）の収集を行うとともに，手指消毒・換気等の基本的な感染予防策を実施する。

なお，デマ等の情報が混同しやすいマスコミ情報を避け，国立感染症研究所（NID），都道府県保健担当部課のホームページからの情報取得を行う。

② 基本的な感染症対策の徹底

事業所内でクラスターが発生した場合には，N95防護マスクの使用等により感染対策を徹底する。

仮に，職員が罹患した場合には，管理者へ状況を電話で報告し，保健所

等の指示を受け自宅や指定隔離施設で隔離する。

施設利用者が発症あるいは疑似感染が疑われる症状が発症した場合には，共有スペースの閉鎖，通所介護の休止の検討を行う。パンデミック状態となり大量の罹患者がある場合，入院は困難であるので，施設内での隔離を行い，換気や消毒を徹底する。

③　職員・利用者の体調管理

職員・利用者は毎日検温を行い，検温・体調チェックリストのチェック項目によって体調管理を行う。職員は出勤前に各自でチェックし，発熱や風邪症状等がある場合は出勤しない。

- 職員は出勤前に検温・体調チェックを行う
- 利用者宅訪問時，利用者の検温・体調をチェック
- 利用者の発熱・体調不良時には，送迎・訪問前に利用者より事務所に連絡がある。

《チェック項目》

- 体温が37.0度以下である
- 鼻水，せき，くしゃみ，全身倦怠感，下痢，嘔吐，咽頭痛，関節痛，味覚・聴覚障害等の症状の有無

5．緊急時の対応

(1) BCP発動基準 p.102

【BCP発動の判断基準】

下記項目の内，該当項目を検討し判断基準とする。

① 地震や水害等で，施設や事業所が所在する市区町村に大規模な被災がある場合

② 地震や水害等で施設，利用者の訪問先の道路インフラ等が被災し，通所介護や送迎，居宅介護支援等の業務に多大な支障が発生している場合

③ 地震や水害等で，県下で大きな災害が発生し，福祉避難所の開設が必要である場合

④ 地震や水害等で役員・職員，職員家族が被災している場合

⑤ 海外でパンデミックとなった感染症の発症が国内で確認され，国等において緊急事態宣言等が発出された場合

当面は，地震の場合は震度6弱以上の発生，水害の場合は警戒レベル3以上が発令された場合に発動

(2) 行動基準 p.103

① 災害時行動基準（地震・台風等，短時間に緊急性を要する災害）

基本指針	対　応
① 災害時の基本綱領	(1) 災害時，施設で勤務中である場合には，「自らと利用者の安全」を最優先に考え行動する。
	(2) 災害時，自宅にいる場合は，「自らと家族の安全」を最優先に考え行動する。

② 災害時の基本行動	(1) 自らの安全を確保する。
	(2) 171（災害用伝言ダイヤル）やLINEを使用して安否確認情報を連絡する。
	(3) 現時点の状況（位置・被災状況・ケガ等の有無）を上司へ報告する。
	(4) 通勤や送迎時で自動車を運転中は，安全な場所へ移動する。
	(5) 緊急時の救助等を積極的に対応する。

② 感染症発生時行動基準（すべての感染症の罹患・濃厚接触）

【職員・利用者の疑似感染や感染の確認時】

発症等	情報共有・報告	即対応
A，感染症が疑われる者を確認	【急務事項：速やかに施設長等へ報告】 (1) 施設長は職員会議を開催する。 (2) 感染症予防法上の1類2類で，保健所への報告が義務づけられているものは，報告して指示を受ける。 (3) 発生状況を主治医へ報告して指示を受ける。	【急務事項：消毒等】 ➡通所介護等関連事業の中止・休止措置 ➡共有スペースの消毒 ➡職員は控室・職員トイレ等の消毒 ➡保健所の指示に対応 ➡検査の実施
B，感染者が確認された場合	【急務事項：情報共有・報告】 (1) 施設長は職員会議を開催する。 (2) 感染症予防法上の1類2類で，保健所への報告が義務づけられているものは，報告して指示を受ける。 (3) 発生状況を主治医へ報告して指示を受ける。	【急務事項：消毒等】 ➡全館をくまなく消毒する。 ➡保健所の対応指示の確認と施行
	(1) 利用者家族への報告 （疑似感染も感染の場合も必ず報告する）	➡患者発生の状況を利用者家族へ伝える。 ➡利用者全員の検査・健康チェック
C，濃厚接触	【職員】 (1) 自宅待機を行い保健所の指示に従い健康観察 (2) 濃厚接触者が長時間滞在した場所を換気，消毒，清掃	
	【利用者】 (1) 部屋の換気を充分に行う	

	⑵　職員は介護業務従事時には手袋とサージカルマスクを使用 ⑶　ケアの開始・終了時には手指を完璧に消毒 ⑷　有症状者にはリハビリテーションは実施しない。

３類～５類の感染症についても利用者に感染疑いや感染確認がある場合，上位類同様に病状や感染症の伝染性を考慮し，次の措置を検討する。

⑴　隔離措置

利用者が常時監視の対象となる感染症に罹患した場合，別室に隔離し，職員はマスク・手袋・防御着エプロン等を使用して感染を防止する。（インフルエンザＡ・Ｂの場合には緩和する）

⑵　保健所・医療機関との情報共有

常時監視の対象となる感染症に罹患した利用者の症状や対応に関し，主治医との情報共有を行い，適宜，保健所の指示を仰ぐ。

【職員が濃厚接触者・感染者となった場合の対応（すべての３類以上の感染症）】

⑴　職員の家族への感染が確認され，検査の結果「陽性」となった場合の措置

1	事業所への連絡と責任者への状況報告を行い，休暇とする。
2	検査機関(医療機関)で検査を行い,「陽性」の場合は罹患者として措置する。
3	上記の措置後，陰性であっても国の定めた期間内の自宅待機を行う。

⑵　職員が感染者となった場合の対応

1	体調の異変に気づいた日の早い時間に検査機関（病医院）で検査・診療を受け，結果を責任者へ報告する。
2	報告を受けた責任者は事業所内で概要を説明し，濃厚接触と疑われる職員の感染検査を行う。
3	当該職員との濃厚接触となった利用者にも発生状況を報告し，検査機関での検査を依頼する。
4	上記の対応が完了した時点で管轄保健所へ連絡し，指示を受ける。
5	職員や利用者への感染が確認された場合には，再度管轄保健所へ連絡し，クラスターであるかの確認を行う。
6	クラスターの有無にかかわらず，第三者への罹患が確認された時点で事業所を一定期間休止する。

【ケアの実施内容・実施方法の確認】

(1) 食事の介助等

➡食事介助は，各個室で行う。

➡利用者は，食事前に石鹸と流水による手洗いを実施する。

➡食器は使い捨て容器を使用するか，濃厚接触者のものを分けた上で，熱水洗浄ができる自動食器洗浄機を使用する。

➡まな板，ふきんは，洗剤で洗い，熱水消毒するか，塩素系殺菌剤（次亜塩素酸ナトリウム液等）に浸して洗浄する。

(2) 排泄の介助等

➡オムツ交換の際は，排泄物に直接触れなくとも，手袋とサージカルマスク，使い捨ての袖付きエプロンを着用。

➡使用済みオムツ等の感染廃棄物の処理は，充分な感染防止対策を講じる。

(3) 対応体制 ➡ p.108

対策本部役職	氏　名	担　当	連絡先
総括責任者	○○　○○	総括	090－○○－○○
責任者	○○　○○	総括	090－○○－○○
補助	○○　○○	備蓄品・被災確認	080－○○－○○
補助	○○　○○	避難誘導・被災確認	080－○○－○○
補助	○○　○○	避難誘導	090－○○－○○
補助	○○　○○	避難誘導・安否確認	090－○○－○○
補助	○○　○○	消火活動	080－○○－○○
補助	○○　○○	消火活動・安否確認	090－○○－○○
補助	○○　○○	救護活動・安否確認	090－○○－○○
補助	○○　○○	救護活動	090－○○－○○

役割分担

対策本部役職		対策本部における職務（権限・役割）
総括責任者	法人代表	• 対策本部組織の統括 • 緊急対応に関する意思決定
責任者	施設長	• 対策本部長のサポート • 対策本部の運営実務の統括 • 関係部署への指示
補助	スタッフ	• 事務長のサポート • 関係部署との窓口

(4) 災害対策本部の設置場所 → p.111

緊急時対応体制の拠点となる候補場所（安全かつ機能性の高い場所に設置）。

順位	名　称	設　備	距　離
1	デイサービス○○機能訓練室	電話１台，机５脚，椅子20脚	－
2	○○町内会館	確認中	50m

(5) 安否確認 → p.112

以下，地震や水害に被災した場合の施設の全体的な安否不明者の捜索である。なお，72時間を経過し，安否未確認であれば，生存確率は数パーセントとなるので，消息不明として対応し，捜索にあたる警察・消防および市区町村と連携をしながら対応する。

その際に，職員等にPTSD（Post Traumatic Stress Disorder）の症状が発症することがあるので，発症があれば精神科医へ相談する。

安否確認

(1) 安否確認の手順（被災～72時間以内）

↓ フェーズ1 職員・職員家族の安否確認

↓ フェーズ1 利用者の安否確認

↓ フェーズ2　利用者・職員・職員家族の安否不明者リストアップ

↓ フェーズ3　利用者家族への安否不明の連絡

⑵ 職員の安否不明の確認

↓ フェーズ1　災害用伝言ダイヤル171の確認（公衆回線が使用できる箇所で）

↓ フェーズ1　市区町村災害担当課へ安否不明者住所地の被災状況確認

↓ フェーズ2　警察・消防・市区町村役場への安否不明者情報の提供

↓ フェーズ3　警察・消防署への安否不明者の確認

⑶ 利用者安否不明の確認

↓ フェーズ2　利用者自宅への訪問（経路の安全が確認されている条件下）

↓ フェーズ2　利用者居住地区長・民生委員等の確認

↓ フェーズ3　市区町村担当課での確認

↓ フェーズ3　事業責任者への状況報告

↓ フェーズ4　利用者家族への状況報告を行い，生死確認時点での報告依頼

⑷ 安否不明者の対応（発災後経過時間別）

↓ フェーズ1　電話による安否確認

↓ フェーズ2　市区町村消防署関係機関相談

↓ フェーズ3　警察・消防へ捜索状況確認

➡72時間経過後，職員・職員家族および利用者の安否について統括責任者が全職員に状況を報告し，今後の対応を協議する。

災害関連死

災害に起因し，職員が死傷した場合，死亡のケースでは葬儀，葬儀後の家族への対応等，施設長をリーダーとして最善を尽くす。また，家族（配偶者，子，孫，本人両親）が災害関連死した場合には，勤務体制への配慮等を行い最善を尽くす。

被災（家屋）

災害に起因し，職員の住宅が被災した場合，施設は被災者住宅や仮設住宅，みなし仮設の生活を考慮し，生活再建に必要な被災後６週間の勤務を緩和して対応する。また，本人の希望を確認し，職員間の相互扶助（募金や家電等の提供）を対応する。

①　職員の安否確認

職員の安否確認の方法

項　目	説　明
①　電話による確認	公衆回線電話･携帯電話によって安否･被災状況を確認する
②　LINE	LINEを使用して安否・被災状況を確認する
③　災害用伝言ダイヤルによる確認	災害用伝言ダイヤル（171）を活用して安否・被災状況を確認する
【安否確認の注意事項】 被災後に①～③の方法を使用しても連絡が取れない職員があった場合，近所の職員に確認を依頼する。なお，確認者の二次被災を防ぐために，事前に被災地の被害状況を確認した上で対応する。確認者は，確認後，安否や被災状況を本部長に報告する。	

②　利用者の安否確認

事業形態	安否確認の対象者	詳　細
入所介護	利用者	➡施設内にいる利用者の安否確認 ➡被災当時，外泊していた利用者の安否確認（外泊届出先，身元引受人）

	利用者家族	➡施設利用者の家族（２親等以内，後見人等の近親者）の安否確認
在宅介護	利用者	➡被災地域に住居のある利用者に電話で安否確認 ➡安否確認ができない場合，家族へ電話し確認 ➡家族に確認できない場合，被災後の道路等の安全を確認し，自宅へ訪問する ➡自宅へ訪問しても利用者の安否が確認できない場合，区長や隣人に尋ねる ➡利用者の安否が確認できず区長や隣人も行先が不明の場合，利用者名簿に基づく本人の親族（身元保証人・２親等以内の親族）住所地の連絡先を確認する。 ➡上記の確認が取れない場合，子供や親しい友人の家等を確認する ※事前に緊急時連絡先を確認しておくことが望ましい

(6) 職員の参集基準 p.121

1．震度６弱以上の揺れが発生した場合は，職員から事業所に連絡をとり，30 分以上連絡が取れない場合は，安全を確保しながら参集する。
2．自らまたは家族が被災した場合や，交通機関，道路などの事情で参集が難しい場合は，参集はしなくてよい。

(7) 施設内外での避難場所・避難方法 p.123

① 施設内での避難

順位	名　称	避難方法
1	デイサービス○○機能訓練室	徒歩０分
2	駐車場	徒歩０分

② 施設外での避難

ア．施設外で勤務中に被災した場合

順位	名　称	距　離	避難方法
1	○○町内会館	50m	徒歩１分
2	○○コインランドリー	70m	徒歩２分

イ．利用者宅で被災した場合（居宅介護・訪問介護・訪問看護）

業務中に利用者宅で被災した場合の対応は，次のとおりとする。

時　間	対　応
① 緊急情報メール受信 (緊急情報メールは，気象庁が配信する「緊急地震速報」「津波警報」，国・地方公共団体が配信する「災害・避難情報」などを対象エリアにブロードキャスト（同報）配信するサービス)	利用者宅でサービス業務中であれば停止し，避難準備を始める (1) 緊急情報メールの到達時間を確認し，避難行動に移る (2) 地震の揺れ（約５秒～20秒）の間，利用者を机の下等の安全な場所へ誘導し，自らも避難する。 (3) 避難時に緊急避難袋以外の物品は持ちださない。 【注意事項】 ➡避難先への自動車の使用は控える。 ➡寝たきりの利用者の緊急時の避難は，ベッドの下やトイレへ避難誘導する。 ➡ベッド下等への移動が困難な利用者の場合，家具の倒壊に備え布団を上半身へ被せ，自らは安全な場所へ避難する。 ➡移動が困難な利用者宅で警報が出された場合，地震収束後，屋外で大きな声を出して救援を求める。 ➡警報での避難が必要なケースで，利用者が避難を固辞した場合，安全面を考慮し，長時間にわたる執拗な説得はしない。この際，スマートフォン等の録音機能を使用し，説得時の様子を記録し，避難後に状況報告をする。
② 避難後	(1) 地震が収束した場合の行動 ➡利用者の避難場所へ移動 ➡一人暮らしの利用者であれば，区長，民生委員，市町村職員へ保護を依頼する。 ➡あらゆる通信手段を講じて事業所へ状況を報告する。 (2) 行動 ➡被災状況に応じて落ち着いて，次の対応を決める。 ➡家族の安否確認をする。電話の使用が困難な場合，災害用伝言ダイヤル171を活用し家族との連絡を取る。 ➡デマ等に惑わされずに災害情報を市町村職員・警察官等で確認する。

	⑶ 避難先での行動 ➡避難所等からの移動が困難な状況であれば，避難所責任者（市町村職員）へ，自らの職種（介護師・介護職・士）を告げて，避難所でのボランティア活動を行う。 ➡被災状況によっては，事務所や家族の安否も不明で不安に駆られることがありうるが，パニックに陥らず冷静に活動する。
③ 事態収束後	⑴ 事態収束後，経験した内容をまとめる ➡被災後に起きた事象等をミーティングで協議する。 ➡上記の内容は資料を作成し配布する，また，BCPの見直しの際，資料として使用する。 ⑵ PTSD ➡本人が避難を拒否し，災禍にあった場合，PTSDを発症する可能性があるので，事業者は発災後１か月程度職員の状況を観察する。症状が確認されたら本人への説明後，専門医受診を促す。
平常時の対応	⑴ 緊急事態への備え 訪問先での緊急事態に備え，次の対応をしておく ➡周辺地域の災害マップを理解しておく （避難所の確認，訪問宅から避難所までの距離や移動時間の確認） ➡緊急用品 （最低限必要な筆記具・傷テープ・ペットボトルの水・ホイッスルを鞄に入れておく）。 ➡災害時の担当分担を決めておく （事業所内での被災時の役割分担を決めておく） ➡地域とのつながりを日頃から作る （利用者宅の市区長や近隣の方とコミュケーションをとっておく）

⑻ 職員の管理 ➡ p.128

① 休憩・宿泊場所の設置

休憩室。

② 勤務シフト

特に定めない。

(9) 復旧対応 → p.131

① 破損個所の確認

建物・設備の被害点検シート

対　象		状況（いずれかに○）	対応事項／特記事項
建物・設備	躯体被害	重大／軽微／問題なし	
	電気	通電／不通	
	水道	利用可能／利用不可	
	電話	通話可能／通話不可	
	インターネット	利用可能／利用不可	
	・・・		
建物・設備（フロア単位）	ガラス	破損・飛散／破損なし	
	キャビネット	転倒あり／転倒なし	
	天井	落下あり／被害なし	
	床面	破損あり／被害なし	
	壁面	破損あり／被害なし	
	照明	破損・落下あり／被害なし	
	その他，順次更新		

② 業者連絡先一覧表の整備

業者名	担当者	電話番号

③ 情報発信（関係機関，地域，マスコミ等への説明・公表・取材対応）

情報発信にあたっては，代表を含む複数の管理者による合議を踏まえて行う。

発表にあたっては，利用者および職員のプライバシーにも配慮する。

⑽　他施設との連携　→ p.134

①　連携体制の構築

連絡先一覧表を作成しておく。緊急時には連携がスムーズに実施できるように，日頃から情報交換を行い，体制を整える。

医療関連では，嘱託医等の医療機関が被災し，一時的に往診等の医療対応が困難な場合の対応を検討し，応援が可能な医療機関と平常時においても相互関係を強化しておく。(嘱託医と協力医との情報共有等)

災害発生時の対応に関し，利用者の住居地区の区長・民生委員と役所の担当者を交えて検討し，協力体制を構築する。

【連携の有無】

連携の有無	連携先
■現在，連携協定を締結している	○○県○○市の訪問介護施設との連携契約を締結している。
□現在検討中である	□20○○年○○月までに連携先を検索する □20○○年○○月までに連携協定を締結予定

【連携協定締結】

事業所名	内　容		
	事業分類	住所	電話番号
株式会社○○	訪問会議	○○県○○市○○	○○○－○○○－○○○○
株式会社○○	サ高住	○○県○○市○○	○○○－○○○－○○○○

②　地域のネットワーク等の構築・参画

【連携関係のある施設・法人】

施設・法人名	連絡先	連携内容
老人ホーム○○	○○－○○－○○	

【連携関係のある医療機関（協力医療機関等)】

医療機関名	担当医	電話番号
○○総合病院	○○－○○－○○	○○○－○○○－○○○○

【連携関係のある社協・行政・自治会等】

名　称	連絡先	連携内容
○○市役所　介護福祉課	○○－○○－○○	
○○市役所　地域包括ケア推進課	○○－○○－○○	
○○市すこやかセンター（地域包括支援センター）	○○－○○－○○	
○○市社会福祉協議会	○○－○○－○○	
在宅福祉センター	○○－○○－○○	

⑾　連携対応　→ p.137

避難所，救護所を地図で確認しておき，避難場所（「⑺　施設内外での避難場所・避難方法」で定めた）を利用者にあらかじめ知らせる。

地域で防災会議や防災訓練などが開催される場合は積極的に参加し，災害発生時に，情報収集，救援物資の供給等の支援が受けられるように，行政と災害発生時の連携内容・方法を打ち合わせる。

利用者の主治医の連絡先を複数確認してチェックリストを作成する。

⑿ 地域への支援体制

→ p.139

① 被災時の職員の派遣

職員の派遣について
■派遣したことがあり，今後も対応する
（令和○年の○○県一帯を襲った水害時に介護士２名を県からの要請に従い２週間派遣した）
□派遣したことはないが，今後，対応する
□現状では困難である。

② 福祉避難所との協定

項　目	説　明
■協定がある	平成28年締結・12人収容可能 ○○市との協定
□検討中	現在検討中（市区町村からの要請がある）

6．BCPの運用

(1) 研修・訓練の実施 →p.143

研修・訓練については，初年度は簡易的な記載にとどめ，次年度以降から詳細を定めていくことが望ましい。

- 本BCPの項目別かつ災害種別に訓練を実施する。
- 年２回実施が求められている消火訓練および避難訓練に合わせて，少なくとも年１回の研修，年１回の訓練を実施する。
- 実施時期：10月

(2) BCPの検証・見直しと改訂 →p.146

本BCPは，年１回実施する研修および年１回実施する訓練の実施後に，災害対策委員会で協議し，見直しを行う。

災害対策委員会は，職員からBCPについて改善すべき事項について意見を聞くこととし，その内容を災害対策員会の議論に反映する。

改訂したBCPは，委員長の決裁を経て，職員に周知する。

改訂履歴

日　付	改訂内容
○○年○月○○日	新規作成

第3章

介護事業のBCP作成のポイント

○ 介護の種類によるBCPの違い

BCPは，地震や風水害の自然災害等によって事業所（施設）が被災し，サービスを提供できなくなった場合の「介護サービスを被災後にどうやって提供し続けるか」という課題に対する計画です。利用者の生活基盤の違いによって記載が変わります。

<table>
<tr><th>施設等で生活（入所介護）</th><th>自宅で生活（在宅介護）</th><th>その他</th></tr>
<tr><td rowspan="3">完全に施設内での介護
・介護老人福祉施設（特別養護老人ホーム）
・介護老人保健施設（老健）
・特定施設入居者生活介護（有料老人ホーム）
・サービス付き高齢者住宅</td><td>自宅への訪問介護
・訪問介護（ホームヘルプ）
・訪問入浴
・訪問看護
・訪問リハビリなど</td><td rowspan="3">・居宅介護支援
・福祉用具貸与</td></tr>
<tr><td>施設に通う利用者への介護
・通所介護（デイサービス）
・通所リハビリなど
・通所支援サービス（放課後デイサービス）</td></tr>
<tr><td>部分的に施設等で生活する利用者への介護
・小規模多機能型居宅介護
・短期入所生活介護（ショートステイ）など</td></tr>
</table>

BCPにおける入所介護・在宅介護の違い

項　目	施設等で生活（入所介護）	自宅で生活（在宅介護）
BCPの方向性	• 災害対策の強化 • 被災時の利用者・職員の安全な避難 • 被災後の施設運営の継続 • 災害対応インフラの整備	• 災害対策の強化 • 被災時の職員の安全な避難 • 利用者の被災状況調査 • 市町村・利用者家族への被災状況報告 • 被災した利用者の生活安定に必要な衣食住の対策と実施
対象者	施設入所利用者	在宅サービス利用者
災害時の環境	施設内で被災	自宅で被災（デイサービス時は施設）
被災後の環境	避難誘導➡避難生活 ➡連携施設への移動	自宅➡避難所 ➡自宅 / ➡避難所 / ➡仮設住宅
事業継続BCP	• 施設介護業務の継続	• 被災状況に沿った介護業務継続 ➡被災状況を調査して必要な対応をする（生活支援・介護支援）

本書は主に，「在宅介護」に分類される訪問介護（ホームヘルプサービス）・訪問看護，通所介護（デイサービス）の事業を行う介護事業所（施設）のBCP策定について解説しています

1．基本方針

「基本方針」(BCPの目的について) とは，被災後，厳しい条件下で事業継続に取り組む上での，事業所の基本となる考え方です。

基本方針は下記の４つです。各事業所で実態に合わせてアレンジしてください。

記載例

当社は，以下の基本方針に基づき，緊急時における事業継続に向けた対応を行う。

チェック	基本方針
✓	人命（職員・利用者）の安全を守る
✓	サービスを維持する
✓	利用者からの信用を守る
✓	社会的責任を果たし，職員の雇用を守る

BCPの必要作成数ですが，基本的に１事業拠点で１つのBCPを作成します。言い換えると，１住所で１つ作成となります。これは，災害想定等がその住所と連動することが多いためです。本社と事業施設の場所が違う場合は，それぞれの住所でBCPを作成します。逆に，１つの場所で「居宅介護支援事業」「サービス付き高齢者住宅事業」「訪問介護事業」を行っている場合でも，基本１つのBCP作成でカバーすることができます。

作成するBCPは，１事業拠点（住所）で１つが原則

2．被害想定

まずは，災害ごとに想定される
自社・自施設（事業拠点）の被害を認識しよう

BCP策定にあたって最初に行うことは，被害想定の認識です。地震による影響が強い場所なのか，低い土地にあって水害の被害を受けやすいのかなど，どのような被害を受けやすいのか確認します。感染症に関しては，新型コロナウイルスに対するこれまでの事業所の対応を簡潔に記載してください。

感染症については，これまでの新型コロナウイルスへの対応を記載

(1) ハザードマップなどの確認

被害想定は市区町村の「ハザードマップ」や「防災計画書」で確認します。

ハザードマップの取込み方法

➜ハザードマップは市区町村から家庭などに配布されるものや市区町村のホームページから取ることができます。

① ハザードマップの冊子
マップ上の事業所該当箇所

② ホームページ上のハザードマップ

各市区町村のハザードマップを確認，もしくは「ハザードマップポータルサイト」で確認します。ハザードマップは「洪水」「土砂災害」「津波」など数種類あるので，該当する災害の被害について確認します。

ハザードマップに記載されている災害予測（例）

ハザードマップ	災害予測
河川洪水ハザードマップ	① 浸水が0.5m以上１m未満 ② 浸水が１m以上２m未満 ③ 浸水が２m以上３m未満 ④ 浸水が３m以上４m未満 ⑤ 浸水が４m以上５m未満 ⑥ 浸水が５m以上
土砂災害ハザードマップ	○土石流警戒区域・特別警戒区域 ○急傾斜地警戒区域・特別警戒区域 ○地すべり警戒区域・特別警戒区域
地震災害ハザードマップ	○揺れやすさ（地図上の色で確認） ➡震度４以下・震度５弱・震度５強・震度６弱・震度６強 ○建物の危険度 ➡建物の倒壊率（０％～40％まで表示）
津波高潮ハザードマップ	想定される浸水深の目安 ○0.01m～0.3m未満 ○0.3m～1.0m未満 ○1.0m～2.0m未満 ○2.0m～5.0m未満
火山防災ハザードマップ	○降灰の予測量（cm　単位） ○火砕サージの予測

記載例

例１

地震・風水害のハザードマップの被害予測

ハザードマップ	災害予測
河川洪水ハザードマップ	浸水が１m以上２m未満

土砂災害ハザードマップ	土砂災害警戒区域
地震災害ハザードマップ	揺れやすさ　➡　震度６強 建物の危険度　20％以上
津波高潮ハザードマップ	0.3m～1.0m未満
火山防災ハザードマップ	非該当

例２

地震・風水害のハザードマップの被害予測

ハザードマップ	災害予測
河川洪水ハザードマップ	浸水が３ｍ以上５ｍ未満（最大で２階の軒下まで浸かる被害）
土砂災害ハザードマップ	土砂災害警戒区域外
地震災害ハザードマップ	建物倒壊危険度５段階評価中ランク３ 液状化の可能性：有
津波高潮ハザードマップ	津波災害警戒区域外
火山防災ハザードマップ	非該当

例３

○地震

例１　これまで，事業所が所在する○○市で震度４以上の地震の発生はないが，もし，震度６強以上の地震があると，古い建物が多い旧市街では，倒壊した建物で避難路が通れなくなる可能性がある。また，火災の発生も懸念される。

例２　平成（明治，大正，昭和）○年に事務所が所在する○○市を中心とした断層を震源とする震度６強の地震が発生し，道路や電柱の倒壊，家屋の倒壊が発生している。概ね50年を周期とした地震であるため，近時の発生が懸念される。

例３　事務所が所在する○○市は太平洋岸に位置し，南海トラフ地震の警戒区域になっている。ハザードマップでは地震発生後40分以内に津波が襲うことが予測されている。

○風水害

例1　５年前の台風○号で，事業所が所在する○○市の△△川が氾濫し，多くの家屋が水没し，被災死も発生している。河川改修は完了しているが豪雨時の堤防決壊が懸念され，堤防が決壊すると事業所は３ｍの高さに水没するおそれがある。

例2　事業所が住宅密集地にあり，小河川の氾濫による床上浸水となる可能性がある。

例3　ハザードマップ上で急傾斜注意地区になっており，雨量が120ミリを超えると危険性が高くなるので，注意が必要である。

例4　在宅サービス（デイサービス・看護，ホームヘルプサービス）のサービス区域に１級河川○○川があり，15年前に堤防が決壊して200軒以上の住宅が水没し，高齢者の犠牲者が出ている。このことから，線状降水帯等の発生により堤防からの越水や崩壊，内水氾濫の水害を受ける可能性が高いと予測できる。

○その他の災害

事業所周辺に○○山（平成○年に噴火）があり，３年おきに火山灰を噴き上げる噴火が発生している。また，火砕サージが20センチ以上降り積もることが予測されている。

(2)　被災想定

事業所のある市区町村全体にどのような被害が想定されるか。
また，ライフラインの復旧めどがどう想定されているか確認する

①　自治体公表の被災想定

こちらも事業所が所在する市区町村の「ハザードマップ」「防災計画書（「○○市防災計画」「○○市防災計画　ライフライン」などで検索）」で確認します。

記載例

【中央区の被害想定】

- 東京湾北部地震（今後30年以内の発生確率70％程度）
- 震源：東京湾北部
- 震度：６強，一部７
- 規模：マグニチュード7.3

建物被害	1,942棟	出火による被害	23件
帰宅困難者	309,315人	避難者	44,773人
ガス支障率	2.6％～100％	水道支障率	上水道：68.5％ 下水道：29.5％
電話（固定）支障率	2.0％	電気支障率	40.5％

【交通被害（一般被害想定）】

交通	被害想定
道路	各地で通行止め，３日後災害対策車両の優先通行。
鉄道	鉄道は運休。バスは順次運行再開（鉄道代行も含む）。

従業員の帰宅困難の可能性：通行止め・公共交通機関運休になった場合，車通勤・電車通勤の従業員は，徒歩での通勤・帰宅になる。

【ライフライン被害（一般被害想定）】

ライフライン	被害想定
上水道	発生直後に断水。３日後に自衛隊による給水。１か月後にようやく断水が７％に縮小する見込み。利用者の飲料水の確保が困難に

	なる。
下水道	施設の下水に支障があった場合，排泄介助が困難になる。
電気	発生直後に市内全域で停電。24時間後には２割通電，１週間後にほぼ停電解消。 電灯や暖房を代替できるものの提供が必要になる。また，PCを起動できない。
ガス	発生直後に供給停止。１か月後にほぼ復旧。 施設で供給停止が起きた場合，食事介助や入浴介助が困難になる。
通信	発生直後から輻輳回避のため，通話制限が実施。 24時間後にパケット通信は復旧，通話支障も４日後には解消。通信に障害が起きた場合，従業員・利用者・利用者家族との連絡が取れず，サーバ・クラウド内のデータにアクセスできなくなる懸念がある。

② 自施設で想定される影響

インフラ別参考例を記載します。各市区町村の防災計画書等に目安の期間が記載されている場合もあります。

電力	停電期間は小規模な被災であれば１時間～６時間，大規模な場合で４日間程度です。
飲料水・生活用水	断水期間は６時間～２日です。なお，長期にわたる場合は，市区町村の給水車が使用されます。
ガス	LPガスは水害でボンベが流失しなければ使用できます。都市ガスの被災は復旧に時間がかかります。
電話回線（公衆・携帯）	電話が不通となる原因は被災地への見舞電話による回線パンクの防止によるものが多く，大規模被災でない限り，１日程度から徐々に復旧します。
メール	比較的災害に強いシステムです。

記載例

例1　比較的大きな被害を想定する場合のインフラの停止期間（参考）

	初日	2日目	3日目	4日目	5日目	6日目	7日目	8日目	9日目
電力	停電								
飲料水	断水		給水車による対応						
生活用水	断水と給水車（期間は被害次第）								
ガス	ガス停止								
			極めて大きな被災						
公衆回線	不通								
携帯回線	混雑 不通	停電による中継局停止							
メール									

例2　小規模な被害を想定する場合のインフラの停止期間（参考）

	初日	2日目	3日目	4日目	5日目	6日目	7日目	8日目	9日目
電力	停電	起電車							
飲料水	断水		給水車による対応						
生活用水	断水								
ガス	ガス停止								
公衆回線	不通								
携帯回線	混雑 不通								
メール									

3．重要サービス提供のための対策

１つの住所で通所介護事業，訪問介護事業，居宅介護支援事業，サービス付き高齢者向け住宅事業などの複数事業を展開している事業所の場合，災害発生時に「優先する事業と業務」を選定し，記載する必要がある

(1) 優先する事業

自社で取り組む介護事業の中で，被災後の高齢者の生活を支えるために優先する事業を選定します。選定にあたっては，下記の点に留意します。

① 利用者のみならず被災した高齢者等の生活援護を重点的に検討

② 病弱な高齢者には訪問看護は命の絆であるため，自宅のみならず避難先での看護も最も優先性のある業務とする

③ 被災後の利用者の状況を早急に調査して安否と避難先を確認し，利用者家族へ連絡することも重要な業務とする

④ 被災していない高齢者にとっても，衣食住を支えている訪問介護は重要性が高いことに留意

記載例

例１　利用者安否確認優先

BCP対象となる事業所の事業

- 居宅介護支援事業
- 訪問看護ステーション事業
- ホームヘルプ事業
- 訪問入浴介護事業

●デイサービス事業

〈優先する事業〉

事業名
①　居宅介護支援事業 ②　訪問看護ステーション事業 ③　ホームヘルプ事業

災害後の利用者の被災状況確認のため，在宅介護支援センター職員が利用者家庭を訪問し安否確認を行う。

〈当座停止する事業〉

事業名
①　デイサービス事業 ②　訪問入浴介護事業

被災後１週間は，利用者の被災状況を確認する作業を中心に対応する。出勤できない職員が多ければ，デイサービス事業に従事する職員の確保が困難になることによる。

例２　高齢者の預かり機能を使用した復興支援

BCP対象となる事業所の事業

- 居宅介護支援サービス
- 訪問看護サービス
- 訪問介護サービス
- 訪問入浴介護サービス

〈優先する事業〉

事業名
①　訪問看護サービス ②　通所介護サービス ③　訪問介護サービス ④　訪問入浴介護サービス

災害後の利用者の被災状況確認のため，居宅介護支援センター職員が利用者家庭を訪問し安否確認を行う。

〈当座停止する事業〉

事業名
居宅介護支援サービス

被災後，被災地の復興を応援するため，高齢者の預かり機能を開始する。なお，在宅看護を優先し，ある程度職員が出勤した時点で，デイサービスを開始する。

例3　サ高住：高齢者の預かり機能を使用した復興支援

BCP対象となる事業所の事業

- 居宅介護支援事業
- 訪問看護事業
- 訪問入浴介護事業

〈優先する事業〉

事業名	
①　訪問看護事業	同時開始検討
①　サービス付き高齢者住宅事業	

災害後の利用者の被災状況確認のため，居宅介護支援事業職員が利用者家庭を訪問し安否確認を行う。

〈当座停止する事業〉

事業名
①　居宅介護支援事業
②　通所介護事業
③　訪問入浴介護事業

被災後は，利用者の投薬管理等に早急な対応が求められるため，訪問看護事業で早急に対応する。その後，サービス付き高齢者住宅利用者の生活

安定を優先するため，職員の出勤状況や復興状況を検討し，出勤できる職員の総力を入居施設の運営に傾注する。

(2) 優先する業務

被災後の限られた職員や機材等を有効活用するために，優先する事業の中から，さらに優先する業務を洗い出します。

優先する条件としては，いかなる災害時にあっても利用者の生命を維持する上で重要な業務であることです。

優先する事業の中から「優先する業務」を選定する

記載例

例1　上記の優先する事業の内，優先する業務を選定する

優先業務	必要な職員数（単位：人）			
	朝	昼	夕	夜間
与薬管理	3	2	2	1
排泄介助	3	2	2	1
食事介助	3	2	2	1
精神的ケア	3	2	2	1

例2　状況により優先順位を設け必要なサービスを限定的に行うため，訪問内容について検討する記載方法もあります。

業務分類		業務内容	出勤可能人員率		
			100%	70%	30%
重要	優先業務	独居の利用者の訪問介護	通常	通常	必要最低限

削減可能	回数減でも事故が起きづらい業務 短期的には生命に関わらない業務	同居者がいる利用者の訪問介護 入浴介助 洗濯	通常	代替	削減
休止可能	生命に関わらない業務	環境整備	必要最低限	休止	休止

4．平常時の対応

平常時は災害に備えて建物の耐震化や防水対策といった防災と備蓄品の購入，研修や訓練等を実施します。

(1)　建物・設備の安全対策

①　建物

事業所が複数の場所にある場合は，建物別に記載します。対応策については，建物の所有者に確認して記載しましょう。

昭和56年（1981年）以前の建物については，耐震強化を検討する。
平成12年（2000年）以降の特に木造建物については，より安全性が高い

年度別の耐震・防火基準

耐震基準	防火基準
昭和25年　建築基準法の施行	
	昭和34年　内装制限簡易耐火
	昭和36年　内装制限強化
	昭和44年　区画貫通・内装制限強化
	昭和45年　非常用昇降機の設置・排煙設備・非常照明・非常進入口
	昭和48年　常時閉鎖式防火扉・防火ダンパー・２以上の貫通階段・内装制限強化
昭和56年　新耐震基準　震度６強の地震対応	変更なし
平成12年　新・新耐震基準（2000年基準）新耐震基準の強化	変更なし

記載例

株式会社○○事業本部

場　所	対応策	備　考
例１ 株式会社○○本社社屋 鉄筋コンクリートSRC造 ３階建て （建築年月：平成23年５月） ➡事業本部 ➡在宅介護支援センター ➡訪問看護ステーション	令和○年工事予定 ⑴　エレベーター耐震工事 ⑵　増圧ポンプ耐震工事	平成12年建築基準法適合
例２ デイサービス○○ 鉄筋コンクリートRC造 ２階建て　900㎡ （建築年月：平成○○年○月）	令和○年工事実施済 ⑴　耐震検査・登録 ⑵　耐震強化補強工事 ⑶　非常扉工事 ⑷　屋上の防水工事	平成12年建築基準法適合
例３ 職員住宅　12棟 木造２階建て　660㎡ （建築年月：平成○○年○月）	令和○年工事予定 ⑴　屋根・外装の工事 ⑵　内装工事 ⑶　駐車場舗装	昭和56年耐震構造
例４　事務所が借家である場合 ○○事業本部 （賃貸） 木造モルタル２階建て　300㎡ （建築年月：平成○○年○月）		平成12年耐震構造

②　設備

事業所内の設備に関して，耐震対策について個別に確認・検討する

記載例

設　備	対応策
事務系	事務用のサーバ・パソコン・プリンタに関しての対応 (1)　サーバの固定➡サーバを耐震ボックスへ収納し，免振型ラックで固定する (2)　パソコン➡ノートパソコンは使用後，画面を折りたたみ，キャビネットに収納 (3)　デスクトップパソコン➡本体・CRTには耐震ストッパーで固定する (4)　プリンタ，コピー機➡キャスターストッパーを使用して固定する (5)　キャビネット➡キャビネットストパーで固定し，扉にも開閉ストッパーで固定する
居室	(1)　家具キャビネット➡固定金具で天井に固定する（賃貸物件では突っ張り棒などを利用） (2)　ベッド➡キャスターストッパーで固定する
調理室	(1)　冷蔵庫➡キャスターストッパーで固定し，さらに，固定金具で天井に固定 (2)　調理台➡できる限り複数の調理台をつなげて固定する (3)　流し台➡床に固定用のアンカーを打ち込み，固定する
その他	(1)　職員用ロッカー➡固定用のアンカーを打ち込み，固定する (2)　使用頻度の低い家具類は処分して，個数を減らす

③　情報収集・伝達機器類の整備

災害時における情報収集・伝達機器類はテレビ・ラジオ・SNS・インターネットが中心となります。災害時に収集すべき重要な情報は次のとおりです。

災害時に収集すべき重要な情報

災　害	収集すべき重要な情報
風水害	①　現在の雨量・水位等 ②　上流地域の雨量 ③　今後の降雨に関する気象情報 ④　地形・地質の状況

	⑤　伏流水の状況 ⑥　住宅浸水等の地域の状況
地震	①　地震の規模，震度の状況 ②　管内の緊急通報の状況 ③　津波予測情報 ④　各地の被災状況（津波・火災・土砂崩れ・倒壊家屋・道路状況等） ⑤　住民の避難状況 ⑥　避難ルートに関する情報

記載例

機器分類	対応策	特記事項
テレビ・ラジオ	地震による倒壊を防ぐために棚等への固定，アンテナ・フィーダー線の点検，取替	実施時期 令和○年
インターネット	PC・ルーター・電話機等の固定と内部配線の強靭化，停電対応の実施，PBXの検査と強靭化への対応	未定
電話・FAX		未定
携帯電話・スマートフォン	現在2台の社有スマートフォンを職員全員に配布する	実施時期 令和○年
その他の情報機器	ファイブゼロジャパンの研修	実施時期 令和○年
	衛星携帯電話導入の検討	未定

④　水害・暴風対策

大雨や台風の際の危険性について確認し，
安全点検が必要な箇所，事前対策すべき項目を検討する

記載例

項　目	対応策
浸水による危険性の認識	3m以上5m未満（最大で2階の軒下まで浸かる被害）と想定している
外壁にひび割れ，欠損，膨らみはないか	年1回点検 • 建物の老朽化・地震による外壁のひび割れや膨らみの有無
開口部の防水扉が正常に開閉できるか	年1回点検 • 防水扉に老朽化による歪みの有無 • 開閉部分に物を置いていないかの確認
外壁の留め金具に錆や緩みはないか	年1回点検 • サイディング壁の留め金具の錆や緩みによる剥がれを防止する検査
屋根材や留め金具にひびや錆はないか	年1回点検 • 屋根材を固定する留め具の点検
窓ガラスに飛散防止フィルムが貼付しているか	• 強風時の対策として，人が集まる事務室や共有スペース等の窓ガラスの飛散防止フィルム貼付を検討
シャッターの二面化を実施しているか	• シャッターの補強として二面化を検討
周囲に倒れそうな樹木や飛散しそうな物はないか	• 定期的に倒壊リスクのある樹木の伐採 • 台風接近時は外のゴミ置き場の蓋や自転車等が飛ばされないように固定

建物等の事前確認項目

この項目では，災害に備えた建物や周辺環境の防災整備について，あらかじめ実地調査や資料等で確認の上，記入します。

○診断方法

【風水害】

建物や設備の診断は一次・二次の調査を実施します。

一次調査では，市区町村から公表されているハザードマップで建物が浸水区域内に立地するか否かを確認し，二次調査の必要性を判定します。一次調査で浸水が予測される場合は，予測水位を確認します。確認後に各項目を視認等によって実地調査します。

【地震】

事前に建築物の建設年と建築基準法の耐震構造に関する整合性を確認し，風水害と同様にハザードマップにより，震度予測，液状化予測，津波予測を確認します。その後，各項目の状況を視認等で実地調査します。

建物等診断項目（BCP対応）

項　目	対応策
耐震診断の実施	昭和56年（1981年）6月1日に施行された新耐震基準に準拠していない建物については耐震診断を実施し，必要であれば耐震補強を行う
建物の状態の定期点検	新耐震基準に準拠した建物についても，耐震性能の低下をもたらす経年劣化等がないか，定期的に点検
天井の落下防止	単に吊り下げる形状の天井が落下する事例が，大規模な地震が発生するたびに繰り返されている。耐震診断の対象には含まれていないが，天井の安全性も確認する
ガラス飛散対策	風や飛翔物でガラスが割れて飛散することを防止するため，飛散防止フィルムを貼付したり，カーテンをつけることを検討
移動落下対策	書棚，タンス，ロッカー，机などは，転倒したり移動したりしないように，床，壁に金具，針金などでしっかりと固定する。書棚・戸棚は棚板の縁を高くするなど落下防止を行う。開き戸は，振動により開いて収納物が落下しないように，扉の開放防止対策を行う
安全スペースの確保	建物内の一室を安全スペースとして確保。什器等を一切置かず，利用者が集まれるようにしておく。手すりが設置されている広い廊下も安全スペースとしては有効
情報通信機器の管理	津波の被害が想定される建物では，情報源となるテレビ・ラジオのほか，電話，FAX，パソコンなど通信機器を上階に設置
非常用発電機の設置	止められない医療機器等がある階には，非常用発電機を設置
スプリンクラーの使用方法の徹底	災害時にスプリンクラーを正確に取り扱えるよう，事前に使用方法を周知しておく
避難経路の選定	津波が想定される地域では，短時間での避難を目指すと同時に，地形や標高，経路上の橋梁等の耐震性，道路の広さや勾配なども考慮して避難経路の安全性を点検

屋外への避難対応	屋外へ避難する必要がある場合には，避難路に面したコンクリートブロックの安全性を確認し，専門家と相談し必要に応じて補強

○診断結果

【風水害】

項　目	対応結果
浸水による危険性の確認	危険性なし
外壁のひび割れ，欠損，膨らみ等	特になし
開口部の防水扉が正常に開閉できるか	開閉可能
外壁の留め金具に錆や緩みはないか	特になし
屋根材や留め金具に錆や緩みはないか	特になし
窓ガラスに飛散防止フィルムを貼付しているか	貼付済
シャッターの二面化を実施しているか	していない
周囲に倒れそうな樹木や飛散しそうな物はないか	対応検討

【地震】

項　目	対応結果
耐震診断の実施	平成12年耐震基準
建物の状態の定期点検	毎年４月に実施
天井の落下防止	令和６年実施検討中
ガラス飛散対策	防止済
備品等の転倒	転倒防止措置済
移動落下対策	対策済
安全スペースの確保	１階・２階に12㎡確保
情報通信機器の管理	情報通信機器対策済
非常用発電機の設置	ディーゼル発電機
スプリンクラーの使用方法の徹底	検討中
避難経路の選定	確認済
塀等の倒壊防止	確認済

(2) 非常用備蓄

非常用備蓄は，食糧・衛生材料・医薬品等の「現状の備蓄」に「災害発生時に必要となる備蓄」を想定して加えて記入します。その際，３日間分にあたる量が基本となります。通常，３日後には国や自治体の支援や自衛隊からの支援を受けられると想定されています。

備蓄の内容は，地震・風水害への対策としての防災備蓄と，感染症の蔓延や感染症に罹患した利用者への対策を考慮した感染症対策備蓄を記入してください。

① 防災備蓄

被災時に介護事業者としてのサービスを継続していくためには，事業区域内の被災状況や利用者の安否を確認した上で，早期の事業継続のため，職員は，たとえ勤務時間外にあっても一定期間事業所内で勤務する必要があります。

このため，職員が最低でも３日間生活するために必要とする飲料水や食料，生活必需品を備蓄しなければなりません。さらに，被災した職員や職員家族，利用者への支援物資の一部としての利用も考慮して備蓄内容や量を検討します。

- 飲料水・食料・生活必需品の備蓄は標準３日分
- 以下のリストから必要と思われるものを備蓄（すべて必要というわけではない）

飲料水と簡易トイレ（紙おむつ）は必須

- 飲料水⇒１人１日３ℓが標準，高齢者は３ℓ以上が望ましい
- 簡易トイレ（ポータブルトイレ）・紙おむつ⇒１人１日５個が標準

ア．飲料水・食料

以下のリストから必要なものをピックアップします。無理にすべて揃える必要はありません。

備蓄品目	内　容	ポイント
飲用水	ペットボトル２ℓ ペットボトル500mℓ	500mℓのペットボトルの段ボールは横長であるのに対し，２ℓのペットボトルの段ボールは縦長で保存スペースを確保しやすいため，備蓄用には２ℓのペットボトルが適しています。 ただし，利用者への配布や訪問介護利用者への渡し分としては軽量な500mℓのペットボトルが適します。
米	無洗米10キロ	災害時は研水の要らない無洗米が適しています。
生活用水	トイレ・清拭用	非常用に備蓄する方法として下記の方法があります。 ①　ポリペール（45ℓ～120ℓ）に保存 ②　風呂場の湯の残り 備蓄量の検討については後述⑶③イ参照 また，非常用生活用水の備蓄は火災時にも役立ちます。
ご飯	アルファ米	アルファ米とは，炊飯後に乾燥させて作った加工米のことで，炊かなくてもお湯や水を注ぐだけでご飯になり，非常用に適しています。
缶詰	サバ缶・蒲焼缶等	保存期間が長く，調理せずに食べられる缶詰を備蓄しておきます。
インスタント レトルト	インスタントラーメン・野菜スープ・シチュー等	インスタントラーメンは調理が簡単で賞味期限も長く，食器の必要がないため非常用に適しています。また，普段食べても美味しいと感じるインスタントやレトルト食品を備蓄しておくことで，災害時のストレスを和らげることにもなります。

記載例

ア．飲料水・食料➡一般的な備蓄（３日分）

備蓄品目	内　容	数　量	保　管
飲用水	飲料水 ペットボトル２ℓ	職員用　60本 （６本入り５箱）	倉庫
		利用者用　144本 （６本入り12箱）	倉庫
米	無洗米10キロ	１袋	倉庫
生活水	トイレ・清拭用	ポリペール45ℓ	洗面所
ご飯	アルファ米	30パック	倉庫
缶詰	サバ缶・蒲焼缶	50缶	倉庫
インスタント レトルト	インスタントラーメン カレー・シチュー	10個 30個	倉庫

イ．衛生用品

備蓄品目	内　容	ポイント
オムツ	紙オムツ	基本的に５個×人数×３日分を備蓄します。訪問介護事業所の場合は他の事業所からの支援要請も考慮し，3.5個×人数×３日分程度とします。
トイレ	簡易トイレ	簡易トイレは便器に汚物袋をセットして使用する便器設置タイプや片手で持ちながら直接排泄する携帯タイプ等があります。 備蓄量は，５個×人数×３日分程度。
ナプキン	生理用ナプキン	避難所を設置している自治体の中で生理用品を備えているところはわずか数％といわれています。物資が届くまで数日かかる可能性もあるため，生理用品の準備が必要です。
ティッシュ	ティッシュペーパー	災害時の手洗い後等は衛生面の観点からタオルやハンカチは使用せず，使い捨てのティッシュやペーパータオルを使用します。
	アルコール除菌シート	避難所等の集団生活では細菌やウィルス等のリスクもあるため，除菌シート等で清潔を保ちます。
タオル	タオル	災害時，タオルは拭くためだけではなく，敷物にしたり，広げて目隠しとして使用したりとさまざまな活用ができます。

救急箱	外傷用の傷薬 三角巾・絆創膏・ガーゼ・包帯・消毒液・絆創膏	災害時に必要となる救急箱の内容は，主に怪我をした際の外傷用の傷薬や絆創膏・ガーゼ・包帯といった応急処置に使えるものです。 また，三角巾は，止血に必要な「圧迫」，創傷部を空気に触れないようにする「被覆」，打撲や骨折箇所を安静に保つための「固定」等さまざまな活用ができます。
マスク	不織布マスク	感染症対策の観点のほかにも，災害時は建物の崩壊によりほこり等が舞いやすく，衛生状態が悪化するため，マスクが役立つ場合があります。

記載例

イ．衛生用品

備蓄品目	内　容	数　量	保　管
オムツ	紙オムツ	300枚	倉庫
ナプキン	生理用ナプキン	100枚	倉庫
ティッシュ	ティッシュペーパー	5箱	倉庫
	アルコール除菌シート	5箱	倉庫
タオル	タオル	50枚	洗面所
救急箱	外用薬 三角巾・ガーゼ・包帯・消毒液・絆創膏	十分量	静養室

ウ．消耗品

備蓄品目	内　容	ポイント
箸	割りばし	災害時は生活用水の節約のため，食事は使い捨ての紙皿・紙コップ・割りばしを使用します。
食器	紙皿・紙コップ	
アルミホイール	アルミホイール	アルミホイールは，足先等冷えやすい箇所に巻くことで身体を温めたり，夏場の停電でエアコンが使用できない場合に窓の外側に貼ることで室内の温度を上げないようにしたりと

		いった活用ができます。そのほか，調理等さまざまな場面で役立ちます。
シート	ブルーシート 1.8m・５m	災害時のブルーシートは敷物としての役割のほか，倒壊には至らなくても，屋根が破損してしまった場合には，屋根に貼ることで雨漏り対策となります。
懐中電灯	LED懐中電灯	避難時に簡単に持ち運べ，スペースも取らないコンパクトなサイズがふさわしいです。
ゴミ袋	ゴミ袋	ゴミ袋・ポリ袋は，風水害時に水を入れて水嚢（すいのう）として，トイレ・浴室・キッチンの排水口に設置して下水道の逆流を防いだり，建物の入り口に並べて浸水を防いだりすることができます。また，ゴミ袋を切ってカッパ（雨具）として被ることもできます。
ポリ袋	ポリ袋25ℓ	

記載例

ウ．消耗品

備蓄品目	内　容	数　量	保　管
箸	割りばし	100セット	調理室
食器	紙皿・紙コップ	100セット	調理室
ホイール	アルミホイール	１箱	調理室
シート	ブルーシート1.8m・５m	各１枚	倉庫
懐中電灯	LED懐中電灯	３個	事務室，食堂
ゴミ袋	市町村指定のごみ袋	50枚	倉庫
ポリ袋	ポリ袋25ℓ	50枚	倉庫

エ．その他

備蓄品目	内　容	ポイント
ラジオ	乾電池式または手回し式	停電時は，テレビやPCを使用できず，スマートフォン等も充電がなくなることが想定されます。そのような場合でも，電波が届くところであればいつでも情報を得られるラジオを準備しておくことは非常に重要です。

コンロ	カセットコンロ	3.5kW（3,000kcal/h）のコンロの場合，最大火力での連続燃焼時間は約１時間です。飲用の湯や清拭の湯に対応する場合，１日の使用時間数が10時間であれば１日８本～10本，３日分として24本から30本の備蓄が必要です。ただし，ガスボンベなので備蓄による火災や爆発の危険性を考慮し，１日の使用量を６本（６時間）として，18本くらいの備蓄をお勧めします。
	ボンベ(１本／60分)	
乾電池	A1（単一）24本 A2（単二）24本 A3（単三）120本 A4（単四）120本	A1（単一）A2（単二）は４本パックを６個程度，A3（単三）A4（単四）は20本パックを６個程度，保管をお勧めします。
給水	給水タンク	給水所で給水を受ける際に使用できます。
	ポリバケツ18ℓ	
	柄杓（ひしゃく）	
洗濯	洗濯ロープ５m・ピンチ10本・洗濯洗剤・洗濯板	物干しざおは場所を取りますが，洗濯ロープは保管に場所を取りません。また，ロープはブルーシートと組み合わせることにより，間仕切りや簡易テント等の作成も可能です。
発電機	エンジン（カセットボンベ）発電機	コンパクト設計されて持ち運びしやすいものも多く非常時に役立ちますが，屋内で使用できないことやメンテナンスが必要な点がデメリットです。
充電電池	ポータブル電源500W	PCやプリンタ，PBボックス（電話交換機）等の使用では約10時間程度使用可能です。
情報機器	情報収集用パソコンor タブレット	比較的電気を使用しない「SSD方式」のノートパソコンやタブレットがあると便利です。
事務用品	事務用品一式	油性ボールペン，紙，バインダー，ホッチキス，テープ類（絶縁テープ・セロテープ・布テープ・養生テープ），大きめのハサミやカッター等があると便利です。
スマートフォン	テザリング可能な機種	携帯電話の基地局が停電していなければ，屋外でも機器を最大５台まで同時にインターネットに接続することができます。

記載例

エ．その他

備蓄品目	内　容	数　量	保　管
ラジオ	乾電池式・手回し式	1台	事務室
コンロ	カセットコンロ	1台	調理室
	ボンベ（1本／60分）	18本（6本×3箱）	倉庫
乾電池	各種乾電池	A1（単一）24本 A2（単二）24本 A3（単三）120本 A4（単四）120本	事務室
ポリタンク	20ℓ	1個	倉庫
バケツ	ポリバケツ18ℓ	1個	倉庫
柄杓	柄杓（ひしゃく）	1個	倉庫
洗濯	洗濯ロープ5m・ピンチ10本・洗濯洗剤・洗濯板	1セット	倉庫
発電機	エンジン（カセットボンベ）発電機	1台	倉庫
充電電池	ポータブル電源500W	5台	事務室
情報機器	情報収集用パソコン or タブレット	デスクトップPC3台 ノートPC2台	事務室
スマートフォン	テザリング可能な機種	社用スマートフォン20台	各職員所持

②　感染症対策備蓄

感染症が発生した当初は，施設・設備の消毒等，施設内の感染防止対策を講じなければならず，感染を防止するための感染防止エプロンや空気感染防止マスク（N95等），消毒用の高濃度アルコール消毒液等が必要になります。特に，感染症の蔓延スピードが早ければ，マスクやエプロン，消毒液等が枯渇するおそれがありますので，日頃から備蓄することが必要です。

また，感染症が蔓延し職員自身が感染する，あるいは濃厚接触者となると，出勤できる職員が不足し，対応可能な業務量が減ることも想定しておきます。

記載例

備蓄品目	内　容	数　量	保　管
マスク	不織布マスク	100枚	倉庫
	医療用サージカルマスク　クラス2	50枚	倉庫
	N95マスク	50枚	倉庫
エプロン	感染防止エプロン	30枚	倉庫
	医療用エプロン	30枚	倉庫
手袋	感染防止手袋	30枚	倉庫
	ゴム手袋（L・M・S）	30枚	倉庫
シールド	フェイスシールド	15枚	倉庫
靴カバー	シューズカバー	50組	倉庫
アルコール	高濃度除菌用アルコール	3本	倉庫
医療器	パルスオキシメーター（動脈血酸素飽和度（SpO^2）と脈拍数を測定）	2台	静養室
	血圧計	2台	静養室
	CO^2濃度測定器	1台	静養室

(3) ライフライン停止に対する対策

① 電気が止まった場合の対策

地震や台風などで災害が発生し，電柱や変電所が被災した場合，1時間から，被害がひどい場合は1週間を超える停電，さらに電力の供給システムが被災すると，2018年（平成30年）の北海道胆振東部地震の際発生したような「ブラックアウト」が発生し，広範囲で長期の停電となることがあります。

停電への対策には，自家発電装置（LPガスやガソリンエンジン式，エコ発電）や蓄電池（EV・PHEVの車両や蓄電池）があります。

災害に備えた電気の確保

使用機器 / 電気供給	懐中電灯等の部分的な照明	LEDライト・スマートフォン充電	パソコン等の情報機器等の電子機器	冷蔵庫，電子レンジ等の家庭用電化製品	酸素吸入器等の小電力の医療器
①乾電池	○	×	×	×	×
②充電式バッテリー	△	○	○	×	△
③エンジン・カセットボンベ発電機	△	○	○	○	×
④EV・PHEV	△	○	○	○	△
⑤ソーラーパネル＋蓄電池	△	○	○	○	△
⑥UPS電源	×	×	○	×	×
⑦LPガス発電機	○	○	○	○	○
⑧防災用自家発電装置	△	○	○	○	○

※　筆者調査による

※　△は充電式乾電池への充電が可能であること

※　酸素吸入器等の小電力の医療器の使用に関しては，⑦⑧の発電システムで設置業者の使用試験等で適合した場合に限る。△の②④⑤は使用可能であるが，電圧が不安定で，長時間の使用ができず一時的な使用のみに限る。

※　UPS電源（無停電電源装置）とは，停電が起きたときに電気を一定時間供給し続けるための装置。停電が起きたときに内蔵している蓄電池からの給電に自動で切り替わるので，切れ目なく各機器に電気を送り続けることができるが，長時間の停電には対応できない。システムを安全にシャットダウンさせたり，顧客や財務に関わる重要データの喪失を防ぐために使用。

※　ノートパソコンのバッテリーは，使用条件によって使用できる時間数が異なる。画面輝度を暗くして長時間使用できるように設定することも必要。

※　ネット用のWi-Fiルータ等も電源が必要。

介護事業所の停電時の状況

設　備	停電時
医療機器	緊急性の高い痰吸引機は，非常用バッテリーで稼働させるが，その他の医療器は使用不可能
照明	施設全体の照明が消え，窓のない箇所では真っ暗な状況，懐中電灯のみが頼り
空調	空調は簡易発電機では稼働しないため，夏場では高温に冬場では低温になる

冷蔵庫	低温による食材管理が不可能となる。特に，肉魚等の生ものは保存困難となり，食材確保ができない。保冷剤の使用で数時間しのげる
エレベーター	まったく稼働せず，車椅子での垂直移動は困難
情報機器	ノートパソコンやスマートフォンは使用可能だが充電ができない。システムはサーバが使用不能，また，電話や内線PHSも中継器が機能せず使用不能
環境系	増圧ポンプ，揚水ポンプ，浄化槽モータが稼働せず，生活用水の確保や浄化槽の稼働が困難

介護事業所の停電対策

給電方法	説　明
可搬型エンジン式発電機の導入	ガソリン，カセットボンベを燃料とする発電機の導入
充電式電池の導入	システム用として，リチウムイオンバッテリー等の導入
PHEV・EVの導入	施設用の車両としてPHEVやEV等の給電可能な車両の導入と対策工事の実施

記載例

稼働させるべき設備	対　策
【情報機器】 電話（PBX）・Wi-Fiルーター・テレビ	○自家発電対応，EV・充電池 ➡500Vの蓄電池５個装備で３時間程度は使用可能
【システム】 サーバ・パソコン	○自家発電対応，EV・充電池 ➡ノートパソコンへの切り替え，デスクタイプとサーバはUPSと500Vの蓄電池５個装備
【家電関係】 冷蔵庫・冷凍庫	○自家発電対応，EV・充電池 ➡冷蔵庫は短時間の場合，保冷剤を使用
【照明】 室内照明・非常灯・屋外照明	○自家発電対応，EV・充電池 ➡懐中電灯と主要箇所のデスクライト（バッテリー使用）
【調理】 冷凍冷蔵庫・電子レンジ・湯沸し器・自洗機	○自家発電対応，EV・充電池 ➡自家発電装置がないので使用できない，弁当による対応

② ガスが止まった場合の対策

ガスには，地下に埋設されたパイプラインで供給する「都市ガス」とボンベで配達される「LPガス」の２種類があります。都市ガスはLPガスよりも安いので，調理や暖房に使用します。しかし，災害時にパイプラインが損傷し，長期にわたり休止することがあります。一方，LPガスは供給するガス会社が被災しても，各社間の協力体制が確立しており，配達ルートが確保さえされていれば供給が続きます。

そのため，日常用に都市ガスを使用しても，緊急用としてLPガスを使用する「ハィブリッド方式」による対応も検討します。

普段は都市ガスを使用していても，緊急時にはLPガスを使用できるようLPガスのシステムを導入し，LPガス用のレンジ台等の調理器の導入やガスヒート方式エアコンの導入等の検討も有効

なお，緊急時に使用するカセットボンベの持ち時間は１時間／本程度と考えて対応することと，使用時には換気に注意してください。特に，コンロ２台の連結やサイズの大きなやかんや鍋の使用はできません。またボンベの大量保管には注意が必要です。

記載例

稼働させるべき設備	対　策
【調理用器具】 給食調理用ガス台・ガスレンジ	代替機器 (都市ガス) ガスが使用できない場合，事務所給湯室でカセットコンロでの給湯によるレトルト・インスタントラーメンの調理のみ (LPガス) 地震でのガスボンベの倒壊や水害時のガスボンベ流出がない限り，ガスは使用可能であるが，予備としてカセットコンロを準備している。

【給湯設備】 ガス給湯器 ➡施設・デイサービスを運営する事業所	代替機器 （都市ガス） 緊急時に備えて，LPガス用の20キロボンベ２本を準備している。 （LPガス） ２週間に１回のボンベ交換があるので，緊急時に備えて，ガス会社と協議し，災害時の対策を決めている。

③ 水道が止まった場合の対策

災害時に必要な「水」には，飲料水と生活用水（清拭・トイレ等の衛生用水）の２種類があります。飲料水には長期の保存（３年から５年）期間がありますので，一気に大量購入せず，分割して購入します。また，20ℓのケースもありますが，手押しポンプの用意が必要です。。

生活用水の保存には，風呂を常時満タンにしておく方法とポリペールに保存する方法があります。ポリペールは45ℓ～120ℓまでありますが，水の入替を考慮すると45ℓか70ℓが管理しやすいです。

なお，断水は住民生活に多大な影響を与えますので，３日以内には市町村や自衛隊の給水車が配置されます。このことから，給水された水を運搬するバケツやポリタンク，さらに貯めておくポリペール，柄杓等が必要です。

ア．飲料水

標準備蓄飲料水＝３ℓ×人数×３日間
備蓄場所の広さ等により増減させる

記載例

○飲料水の備蓄量

（2ℓペットボトル6本入り備蓄数）
（利用者分）
　3ℓ×15人×3日分＝135ℓ
　135ℓ÷2ℓ÷6本＝11.25箱（67.5本）
（職員分）
　3ℓ×10人×3日分＝90ℓ
　90ℓ÷2ℓ÷6本＝7.5箱（45本）
合計19箱（18.75箱）114本（112.5本）
＊訪問介護利用者分（利用者配布分含む）
　500mℓペットボトル10本×人数×3日間

イ．生活用水

生活用水の対象となるのは「清拭用」「トイレ用」と「洗濯・掃除」等の生活に密接した用水がほとんどです。

生活用水の確保は，必須ではないが検討するほうがよい

非常用に備蓄する方法として下記の方法があります。

① ポリペール（45ℓ～120ℓがあります）

② 風呂場の湯の残り

なお，デイサービスや施設で風呂の残り湯を使用する際には，レジオネラ菌の繁殖が懸念されます。レジオネラ菌はしぶきや手に触れても感染するおそれがありますので，避けたほうが無難です。どうしても使用する場合には，一定時間ごとに消毒液で消毒して使用してください。

生活用水の確保

対　策	説　明
浴槽の水を確保	水洗トイレの洗浄水は，浴槽内の水をペールやバケツで確保し，用水として利用する。このため，ポリバケツ（12ℓ）を購入しておく。 なお，レジオネラ菌に対応し，1日2回消毒液を浴槽に入れる。
水タンクの設置	衛生環境に配慮し，屋外に水タンク（300ℓ）を棟数分確保する。
市町村等の協議	災害による断水のため，飲料水や生活用水の確保が長期にわたり困難と判断される場合，管轄する市町村との協議を行い次の内容を検討します。 ○給水車の使用依頼 ➡断水期間中の給水車の派遣を市町村に要請。 ○長期にわたり断水状態が続く場合，衛生管理上の課題が多くなり，感染症の発生が懸念されるので，市町村と協議し，利用者を他の施設へ移送させることを協議します。

記載例

例1

○生活用水の備蓄量

水洗トイレ，衛生管理（手洗い・洗顔等）の水として蓋つきポリバケツ（15ℓ）などに保管

（利用者分）

12ℓ／日×利用者数×3日分＝必要備蓄量

12ℓの内訳
- ➡トイレ用水　1ℓ×6回／日＝6ℓ
- ➡洗顔・清拭用　0.4ℓ×6回／日＝2.4ℓ
- ➡調理用　1.2ℓ×3回／日＝3.6ℓ

（職員分）

4ℓ／日×職員数×3日分＝必要備蓄量

4ℓの内訳
- ➡トイレ用水　1ℓ×3回／日＝3ℓ
- ➡洗顔用等　0.5ℓ×2回／日＝1ℓ

例2

> **給水タンク（600ℓ）を使用して給水**
>
> 施設に600ℓのタンクを準備しており，24時間以上の断水である場合には，軽トラックに載せて，被災していない隣接市町村の水道施設で給水を受けるようにしています。
>
> なお，給水した生活用水は，希望する利用者にも事業所で配布するようにしています。

④　通信が麻痺した場合の対策

地震や台風などで被災すると，当たり前のように使用できていた電話やメールの使用ができなくなります。

主な通信回線には公衆回線（一般の加入電話）と携帯電話回線があり，被災時には，通常，携帯電話回線が使えなくなることが多くなっています。

この場合，発災後数時間で使用可能となるときと，大規模な停電，基地局や中継局が被災した場合には長期間使用できなくなるときがあります。衛星携帯電話もありますが，被災後の電話連絡の多くは安否確認や所在確認ですので，171災害用伝言ダイヤルを使用します。なお，毎月1日と15日（それ以外にも特定の日）に体験ができますので，ぜひ活用して，緊急時にスムーズに使えるようにしておくといいでしょう。

BCPの対象となる情報システムは次のとおりです。

- 公衆回線（一般の電話）回線
- 事業所専用携帯電話
- 職員の所有する携帯電話
- 防災行政無線・MCA等の無線システム

災害時の通信手段

①	公衆回線	一般の加入電話で使われている公衆回線は，2025年頃までにIP回線への切替が予定されており，IP回線は停電時に使用できない（公衆回線は停電時でも使用できる）。
②	携帯電話回線	自動的に割り出された最も近い無線基地局を介して繋がる仕組み。電話・メール・インターネット（SNSや災害伝言板）といった連絡手段を持つ。
③	171災害用伝言ダイヤル	災害時，被災地への通話が繋がりにくい状況になった場合にNTTから提供される伝言ダイヤル。
④	衛星携帯電話	宇宙にある人工衛星を介して繋がる仕組み。国内インフラを使用しないので災害の影響を受けにくいが，高額な料金がデメリット。
⑤	NTTグループ公式ビジネスチャット「エルガナ」	情報漏えいリスクを低減した，ビジネスに特化したチャット機能。災害時に，職員等が一斉に情報を提供し，双方向で安否や被災状況を確認できる。
⑥	テレネット株式会社「ハザードトーク」	専用に借り受けた領域を使用することで災害時でも繋がりやすい業務用のハンディ無線システム。
⑦	ファイブゼロジャパン	大手通信業者３社による災害時無料公衆無線LANサービス。「00000JAPAN」が表示されていれば選択して無料で使用できる。

記載例

固定電話　１台

事業所のスマートフォン　２台

職員全員の携帯電話　各１台（メール，LINE，グループLINEの利用）

<電源>

モバイルバッテリー

手回しバッテリー

<非常用通信>

- 災害用伝言ダイヤル171の利用

被災後に電話(携帯電話を含む)が使用できなくなることを前提に「NTT

171（災害用伝言ダイヤル）」を活用し，自らが安否の確認を積極的に行う。
安否報告に視点を置き，平時に171の使用講習会等を開催する。

● ファイブゼロジャパン

（災害時に大手通信業者３社が公衆無線LANのアクセスポイントを開放する。通信機器のWi-Fiネットワークに「00000JAPAN」が表示されていたら，選択することで利用可能。災害発生後１週間ほどは開放される。）

⑤　システムが停止した場合の対策

ア．電力供給停止によりサーバ等がダウンした場合の対策

記載例

システム周辺の安全を確認し，ストレージ，ネットワーク機器，パソコンの点検をする。

浸水等ではシステムを休止させ，階上へ移動して点検し，再稼働させるのが不可能な場合には，保守ベンダー業者へ修理を依頼する。

①　モバイルバッテリーにより電力供給
②　モバイルバッテリーが利用不可能な場合は，手書きによる。
③　データ類の喪失に備えて，定期的にデータのバックアップを行う。
④　いざという時に持ち出す重要書類を準備しておく。
　　重要書類：利用者名簿（利用者一覧），緊急連絡網，本BCP
　　※○○ソフト（クラウド）

記載例

項　目	導入済	検討中	導入予定年
(1)　サーバUPS・バッテリー設置	○		平成31年

(2)	パソコンUPS・バッテリー設置	○		平成29年
(3)	ルータUPS・バッテリー設置		○	令和6年予定
(4)	PBXUPS・バッテリー設置		○	令和7年予定

※UPS（UPS電源）の説明はp.74。

介護報酬請求のためのシステムは特に重要であるため，クラウド型，オンプレミス(自社運用)型それぞれに合わせた対応策が必要

介護事業継続に必要な各システム別の対応策

項　目	対　策
介護システム停止	➡介護サービス提供後の実績報告の手入力 • 手書き入力様式準備 • 手書き入力の研修 ➡介護サービス記録 • 手書き入力様式の準備 • 手書き入力の研修 ➡ケアプラン作成 • ケアプランの手書き入力様式準備
経理システム停止	➡システム停止時の経理の対応 • 停止期間の状況に応じて対応する場合の課題の検討
栄養管理システム停止	➡栄養管理業務トータルサポート対応検討 • 利用者食事情報管理対応 • 献立作成対応 • 食材発注請求支払管理対応
クラウドデータ接続停止	➡クラウドデータ接続停止時の対応 • 平時からサーバやデータセンター等複数拠点でデータを保管し，リスク分散する • クラウドデータと接続できる手段を確保する

イ．災害以外の原因でシステムが停止した場合の対策

システムが停止する原因としては，外部要因と内部要因があります。外部要因としては，アクセスの過剰な集中，サイバー攻撃が，内部要因としては，人

為的ミス，ソフトウェア不具合，ハードウェア障害が想定されます。BCPを発動するケースとしては，外部要因である自然災害によるシステム停止を対象としますが，上記の場合の対策は次のとおりとなります。

システム停止の原因別の対策

項　目	対　策
①サイバー攻撃	システム保守担当やセキュリティ専門家に相談する
②アクセス集中	負荷の軽減（クラウドの活用等）
③人為的ミス	操作手順や作業手順のミスなどが原因。早めにシステム保守ベンダーに原因特定を依頼する。
④ハードウェアの故障	ハードディスクの劣化が原因の場合が多く，復帰が不可能なケースが大半であるため，日常のバックアップが重要である。

⑥　衛生面（トイレ等）の対策

被災後は断水で公共水道の使用が困難となることから，衛生面への配慮が必要となります。事前に被災時に使用するトイレ・汚物処理対策を検討しておきます。

標準備蓄簡易トイレ・紙オムツ＝5個×人数×3日間
備蓄場所の広さ等により増減させる

ア．トイレ対策

トイレは簡易トイレ（ポータブルトイレ）＋凝固剤または紙オムツを使用します。なお，使用時にはプライバシーに配慮し，テント等を設置します。

(利用者)

- 速やかに所定の場所に簡易トイレを設置する
- トイレットペーパーや消臭固形剤は2階以上の倉庫に保存する(水害対策)

（職員）

- 利用者用トイレとは別に職員用トイレ（仮設），生理用品等を準備する。また，断水時の対応として，トイレ内に蓋付きポリバケツ（12ℓ）を置いて準備する。
- 簡易トイレ消臭剤を準備する。

記載例

（利用者）

対　策	導入の有無	整備予定時期等
簡易トイレ＋消臭固形剤	●導入 ○検討中	被災時には，室内で使用するおまるにビニールを敷いて固形剤を使用する
テント付簡易トイレ	○導入 ●検討中	利用者の避難時には，避難所へ持参して使用する。高齢者や妊婦の使用もできるように配慮する
対策検討中	施設内では職員トイレに蓋つきポリバケツ12ℓを置いて使用する	

（職員）

対　策	導入の有無	整備予定
テント付簡易トイレ	●導入 ○検討中	利用者の避難時には避難所へ持参して，使用する。高齢者や妊婦の使用もできるように配慮する
対策検討中	施設内では職員トイレに蓋つきポリバケツ12ℓを置いて使用する	

イ．汚物対策

排泄物は，消臭固形剤を入れたビニール袋に排泄後，外部の保管場所で適切に保管します。消臭固形剤を使用した汚物は一般のゴミとして処理することができます。消臭固形剤を使用していない汚物はペール等に保管し専門業者へ依頼します。紙オムツは避難所を管理する市町村の担当者へ相談し，指定の集積場か処理業者による収集で処理します。

使用後の紙オムツ等は収集管理
医療・汚染性等の廃棄物と一般廃棄物の分別は日頃から徹底が必要

記載例

（施設）

対　策	導入の有無		対策方法・整備の時期等
	対策済	予定	
おしり拭き紙等	○		感染性廃棄物として，医療廃棄物袋に廃棄
紙オムツ	○		同上
その他の廃棄処理	○		使用済みティッシュペーパーやちり紙は感染性の有無を判断し，燃えるゴミか医療廃棄物袋に分別する。

（訪問宅）

対　策	導入の有無		対策方法・整備の時期等
	対策済	予定	
おしり拭き紙等	○		訪問先で持ち帰った場合は，医療廃棄袋へ入れて倉庫等で補完する。

⑦　資金手当て

被災後，国からの介護給付や個人からの利用料収入が減収になりますので，災害時の資金対策は充分にしておくことが必要です。

1．保険	●火災保険，地震保険 自社物件の場合，十分な補償額があるか改めての検討も必要です。 ●休業補償保険 休業損失の補償を受けられる保険です。事業再開まで時間がかかったとしても，その間の運転資金が確保できます。

	●業務災害保険 職員のケガ・病気などに対応する保険です。 ●介護事業者賠償保険 介護事業者は必ず加入している保険ですが，賠償限度額見直しの検討が必要な場合があります。
2．運転資金	職員給与および家賃等必要経費といった運転資金として，月商の３か月分程度の蓄えが必要です。
3．手元金	預金が引き出せない場合の当座の資金として，手提げ金庫等に５～10万円程度保管します。

記載例

1．保険

火災保険	休業損害保険	業務災害保険	賠償責任保険
加入済み 補償限度額１億円 （三井住友海上火災保険株式会社） 地震保険：あり 水害特約：なし	加入検討中	加入済み （三井住友海上火災保険株式会社）	加入済み （三井住友海上火災保険株式会社）

その他，代表者個人生命保険で貸付制度あり

2．運転資金

☑	会社財務状況として３か月分程度の従業員給与および家賃等必要経費の確保はできている。
☑	共済等の契約者貸付制度を利用できる。 （制度名：中小企業倒産防止共済）
☑	金融機関の融資を利用できる。 （金融機関名：○○信用金庫　○○支店）

3．手元金

被災時に預金が引き出せない状況を想定し，金庫に常時５万円の現金を用意している。

(4) 感染症対策

感染症対策は，従前コロナ対策で作成したもの，
あるいはサンプルをベースに各事業所に合うようにカスタマイズする

新型コロナウイルスは2023年５月８日から季節性インフルエンザなどと同じ「５類」に移行しましたが，またいつ未知のウイルスが発生してもおかしくありません。感染症（伝染病）の蔓延をどう防ぐのかが介護事業での課題となっています。

代表的感染症

類　型	感染症
第１類	エボラ出血熱・クリミア・コンゴ出血熱・痘そう・ペスト等
第２類	急性灰白髄炎・結核・ジフテリア・SARS・MERS・鳥インフルエンザ等
第３類	コレラ・細菌性赤痢・腸管出血性大腸菌感染症（O-157等）・チフス等
第４類	A型肝炎・オウム病・狂犬病・サル痘・デング熱・炭疽・日本脳炎・発しんチフス・レジオネラ症等
第５類	アメーバ赤痢・咽頭結膜熱・インフルエンザ・感染性胃腸炎・クラミジア肺炎・梅毒・百日咳・風疹・麻しん・流行性角結膜炎，新型コロナウイルス

感染症罹患者の措置

対　応	1類	2類	3類	4類	5類
(1) 届出（保健所等）	○	○	○	○	○
(2) 法に基づく入院勧告	○	○	×	×	×
(3) 就業制限通知	○	○	○	×	×

感染症疑似症状の措置

対　応	1類	2類	3類	4類	5類
(1) 届出（保健所等）	○	○	×	×	×
(2) 法に基づく入院勧告	○	○	×	×	×
(3) 就業制限通知	○	○	×	×	×

無症状病原体保有者（検査で陽性となった者）の措置

対　応	1類	2類	3類	4類	5類
(1)　届出（保健所等）	○	○	○	○	×
(2)　法に基づく入院勧告	○	×	×	×	×
(3)　就業制限通知	○	○	○	×	×

感染症発生段階

発生段階	状　態
(1)　未発生期	感染症が発生していない状態
(2)　海外発生期 （海外で感染力の強い感染症の確認）	海外で感染症が発生した状態
(3)　国内発生早期 （海外の感染症と類似，同一の感染症の確認）	【地域未発生期】 各都道府県で感染症等が発生していない状態 【地域発生期】 各都道府県で感染症等の患者が発生しているが，すべての患者の接触履歴を疫学調査で追える状態
(4)　国内感染期 （国内で感染症が蔓延し，非常事態宣言や蔓延防止法等が施行され，感染者数の急激な増加がある状況）	【地域感染期】 各都道府県で感染症等の罹患者の接触履歴が疫学調査で追えなくなった状態
(5)　小康期	感染症等の患者の発生が減少し，低い発生件数でとどまっている状態

記載例

国内の感染症は蔓延のスピードや罹患時の危険性（死亡率）により「感染症予防法で１類～５類に区分されている。

感染症の分類・発生状況により事業の継続に支障をきたす可能性がある。

利用者は一般人に比べ相対的に体力が弱い。また職員は，業務特性上利用者との接触が多く，感染症への感染リスクが高い。

【本BCPで主に対象とする感染症】

①　新型インフルエンザ➡A・B型インフルエンザ，新型コロナウイルス，MERS・SARS等

② 感染症胃腸炎➡ノロ・ロタ・アデノウイルス，腸炎ビブリオ，サルモネラ等

③ 腸管出血性大腸菌感染症➡腸管出血性大腸菌感染症（O157・O26・O111等）

④ 気候変動や国際化等を考慮し，海外で発生した新たな感染症

上記感染症は予防法上，隔離などの対応は求められていないが，事業の継続に支障をきたす可能性があるため対象とする。

また，地域における状況（緊急事態宣言が出されているか否か，居住する自治体の情報を参考にすること）も踏まえ，職員間での情報共有を密にし，感染予防に向けた取組みを職員が連携して進める。

【平時の対策】

(1) 感染対策用品の備蓄➡消毒液・マスク・防護衣・衛生対策用品の事前購入

(2) 訓練・研修➡感染症の予備知識，発症時の隔離等の対応

(3) 施設の整備➡空調機・感染防止の区画隔壁の設置，病床室の整備

感染症BCPとして整備する項目

①	新型インフルエンザ等感染症に関する最新情報の取得
②	基本的な感染症対策の徹底
③	職員・利用者の体調管理

① 新型インフルエンザ等感染症に関する最新情報の取得

新型コロナウイルスのような感染症の発生も今後懸念されており，そのような未知のウイルスに関する情報収集もさることながら，それだけでなくインフルエンザのような既知の感染症等に関する最新の情報についても定期的に収集していくことが重要です。

記載例

木BCPの対象となる「新型インフルエンザ」「感染症胃腸炎」「腸管出血性大腸菌感染症」ならびに「海外で発生した新たな感染症」を常時監視し，最新情報（感染状況，政府や自治体の動向等）の収集を行うとともに，手指消毒・換気等の基本的な感染予防策を実施する。

なお，デマ等の情報が混同しやすいマスコミ情報を避け，国立感染症研究所（NID），都道府県保健担当部課のホームページからの情報取得を行う。

② **基本的な感染症対策の徹底**

詳しくは以下のようなポイントを検討する必要があります。

ア．感染経路を断つ対策

イ．感染対策委員会の設置

ウ．感染対策のための指針・マニュアルの整備

記載例

例１

事業所内でクラスターが発生した場合には，N95防護マスクの使用等により感染対策を徹底する。

仮に，職員が罹患した場合には，管理者へ状況を電話で報告し，保健所等の指示を受け自宅や指定隔離施設で隔離する。

施設利用者が発症あるいは疑似感染が疑われる症状が発症した場合には，共有スペースの閉鎖，通所介護の休止の検討を行う。パンデミック状態となり大量の罹患者がある場合，入院は困難であるので，施設内での隔離を行い，換気や消毒を徹底する。

例2

ア．感染経路を断つ対策

（施設）

感　染	対　策		説　明
	対策済	検討中	
接触感染（経口感染含む）	○		業務従事時間・執務時間内のマスク着用と業務完了後の手洗い，うがいを義務化している。
飛沫感染	○		事務所やデイサービス，食堂の机にはアクリル製のデスクパーテーションを利用者間に置き，終了後にアルコール消毒を実施
空気感染	○		エアドック等の空気清浄機を設置している。
血液媒介感染		○	検討中

（訪問宅）

感　染	対　策		説　明
	対策済	検討中	
接触感染（経口感染含む）	○		サービス提供開始時と終了時に石鹸と流水による手洗いまたは消毒用エタノールによる手指消毒を実施する。手指消毒前に顔（目・鼻・口）を触らないように注意する。
飛沫感染	○		手指衛生（手指の洗浄），環境消毒（ベッド等の消毒），マスク着用，さらにN95等の高機能マスクの使用。 咳込みなどがあり，飛沫感染のリスクが高い状況では，必要に応じてゴーグル，使い捨てエプロン，ガウン等を着用する。
空気感染	○		訪問時間を短くできるよう効率的な業務を行える工夫をし，訪問時は換気を徹底する。

イ．感染対策委員会の設置

感染症委員会	☑設置済 ☐設置検討中	感染症委員会を毎月２日に開催し，事業所内で感染症が確認された時点で必要に応じ開催する。

ウ．感染対策のための指針・マニュアルの整備

感染対策のための指針・マニュアルの整備	☑整備済 □設置検討中	20○○年（令和○年）に○○事業所感染症対応マニュアルを作成している。

マニュアル内容

感染管理に対する基本理念・感染対策委員会の設置・感染対策のための指針・マニュアルの整備・職員研修の実施・職員の健康管理

エ．その他の対策（感染症に関する職員研修等）

感染症研修会を毎月１回，嘱託医・保健所の講師による研修会の開催

○具体的な取組み

【感染症別の対策】

感染症	対　策
(1)　インフルエンザ　等	➡利用者・職員の健康状況の把握 ➡利用者・職員へのワクチンの接種 ➡施設内への出入り管理（面会禁止等） ➡施設の衛生確保，換気の徹底
(2)　ノロウイルス　等	➡調理担当の健康管理 ➡作業時の手洗い厳重化 ➡調理器具の消毒 ➡食器・環境・リネン等の消毒 ➡嘔吐物の処理と消毒
(3)　疥癬　等	➡他施設利用者の状況観察（人権に配慮） ➡入浴時や普段のケアの際に皮膚の状態観測 ➡利用者本人へのかゆみの聞き取り ➡疥癬トンネルのような特徴的な症状確認 ➡上記に該当する場合，看護師等と協議し皮膚科受診

【衛生管理】

（施設）

項　目	説　明
(1)　施設や身の回りの物の清潔・消毒	➡感染経路拡大の防止 感染経路の遮断のための作業マニュアルの策定と実施

<table>
<tr><td>(2) ゾーニング
(施設内の区域分け)</td><td>➡糞尿や嘔吐物を処理する区域と食べ物や飲み物を扱う場所との明確な区別と区域ごとのテープや注意書きで区別する。<table><tr><th>清潔度区分</th><th>該当箇所</th></tr><tr><td>汚染区域</td><td>トイレ・手洗い場・汚物処理室・ゴミ置き場・洗濯室等</td></tr><tr><td>清潔区域</td><td>調理室・給湯室</td></tr></table></td></tr>
<tr><td>(3) 水の管理</td><td>飲料水の汚染防止
➡貯水槽を持っている場合，必要な衛生管理を徹底
➡井戸水を使用している場合は，井戸周辺の衛生管理や塩素消毒を徹底</td></tr>
<tr><td>(4) 浴槽の管理</td><td>➡使用日ごとに浴槽水の交換と清掃
➡塩素剤による消毒
➡浴用剤・温泉水の使用時の注意
➡循環式浴槽
• 集毛機の清掃，ろ過機の逆洗浄
• 週１回の循環ろ過機の消毒</td></tr>
<tr><td>(5) 換気・空調設備の管理</td><td>➡定期的な換気の対応
日頃から時間を決め，施設の窓を開けて換気を行う。
➡換気扇排気口の管理
換気扇の点検と排気口の確認を定期的に行い，修理や清掃が必要な場合，専門業者へ委託する。</td></tr>
</table>

（訪問宅）

項　目	説　明
(1) 感染源の排除	➡介護時に血液や体液，粘膜面，正常でない皮膚は素手で触らず手袋を使用する。
(2) 感染経路の遮断	➡接触感染・飛沫感染・空気感染を防止するために対策を取る。 • 手指衛生（手指の洗浄）・環境消毒（ベッド等の消毒）・マスク着用・さらにN95等の高機能マスクの使用
(3) 感染症発症時の対応	➡利用者の感染症や食中毒を疑ったときは責任者，医師，看護職へ情報共有する。 ➡情報共有がスムーズに進むように事前に体制を整える。

【消毒対応】

（施設）

消毒方法	対　策			
	備　品	手　指	使用時期	
			常時	蔓延時
水および石鹸	○	○	○	○
熱水（スチーム発生器使用）	○		○	○
アルコール（雑巾がけ）	○		○	○
アルコール（手指消毒）		○		○
次亜塩素酸ナトリウム水溶液	○		○	○
手指用以外の石鹸（洗剤）	○			○
次亜塩素酸水	○			○
亜塩素酸水	○			○

（訪問宅）

訪問宅の消毒は利用者（利用者家族）の承諾を受けて行います。

消毒方法	対　策			
	備　品	手　指	使用時期	
			常時	蔓延時
水および石鹸		○	○	○
熱水（スチーム発生器使用）	○		○	○
アルコール（雑巾がけ）	○		○	○
アルコール（手指消毒）		○		○
次亜塩素酸ナトリウム水溶液	○		○	○
手指用以外の石鹸（洗剤）	○		○	○
次亜塩素酸水	未定	未定	未定	未定
亜塩素酸水	未定	未定	未定	未定

【飛沫対策】

（施設）

事務所やデイサービス，サ高住の食堂の机にアクリル製のデスクパーテーションを利用者間に置き，終了後にアルコール消毒を実施します。

（訪問宅）

訪問時にフェイスシールドとマスクを着用し，介護終了までの間，着用を義務づけます。また，使用したフェイスシールドは安全性を考慮し，訪問先ごとにアルコールで消毒し，毎日取り替えます。

【感染経路遮断】

施設での蔓延，クラスターを防止するために，感染遮断のための対策を積極的に実施します。

施設の主要な対策としては，「感染経路の遮断」「病原体（感染源）の排除」「宿主の抵抗力の向上」を中心に行います。

③　職員・利用者の体調管理

○職員の体調管理

【入職時の確認】

職員の採用後に，感染症（水痘，麻しん，風しん，流行性耳下腺炎，およびＢ型肝炎）の既往や予防接種の状況，抗体価の状況を確認します。

外国人雇用には，国によってワクチン定期接種の制度や接種状況が異なることに留意します。仮に「ワクチン」を接種していない職員で予防可能な疾患のワクチンについては職員の同意を得て接種を勧奨します。

【日常の健康管理】

介護・看護の職員が感染症に罹患あるいは症状が確認された場合，感染症予防法に抵触する感染症であれば感染症予防法に定める期間，就業を停止させます。なお，介護・看護職は，業務に関する使命感が他の職種に比較し高く，利用者の状況を勘案し，出勤を希望する職員も多く見られます。しかし，あくまで感染拡大を防止することが重要です。職員の家族が感染症に感染している場合は，職員自身も自己の健康に気を配り，早めに責任者や看護職等に相談するようにします。

【定期的な健康診断】

労働安全衛生法第66条第1項・第5項で，事業所に勤務する職員の定期的な健康診断が義務づけられています。

介護施設で勤務する職員が健康診断を受けることは自らの健康管理のみならず，利用者の安全面からも必要なことです。

責任者は研修や会議を通して，職員の健康管理に啓発をする必要があります。また，新型コロナウイルスのように国内で急激に蔓延し，度々，大発生を繰り返す場合，PCR検査，抗体検査等を短い期間で受けるよう設定し，随時検査を実施します。

【ワクチンによる予防】

介護職にある者にとっては，可能な限り予防接種を受け，感染症への罹患を予防し感染経路を遮断することが必要です。

ワクチン名	対　応
インフルエンザ	毎年，全員に接種する
B型肝炎	採用時に接種する
新型コロナウイルス	国の設定した期間内に全員接種する
麻しん 風しん 水痘 流行性耳下腺炎	接種したことがなければ，採用時に接種する

【職業感染対策】

一般的に標準的な対処法やワクチンがある感染症は対応できますが，いずれの対処法もない感染症について，職員が血液や体液に触れることを考慮して備えるのが「職業感染対策」です。

責任者や事業主は，感染発生時の緊急報告の体制や医師による適切な処置（感染リスクの評価，曝露部位の洗浄，予防薬の投与の必要性の判断，予防薬の投与，経過観察，治療等）を仰ぐ体制を整備しておくことが重要です。

項　目	現在の状況		説　明
	対策済	検討中	
入職時の確認	○		感染症（水痘，麻しん，風しん，流行性耳下腺炎，およびB型肝炎）の既往や予防接種の状況，抗体価の状況を確認する
日常の健康管理	○		会社主催の事業所健康管理講座の受講
定期的な健康診断	○		職員健康診断（事業所診断）　年1回 嘱託医による体調聞き取り調査　年2回
ワクチンによる予防	○		• インフルエンザ　年1回 （同居親族の接種調査と接種時の○○円の補助） • 新型コロナウイルスワクチン接種 （接種時の半日の休暇付与） • B型肝炎ワクチン　年1回 • その他は適宜実施
職業感染対策	○		• 職業感染対策研修 介護・看護全職員による研修会の実施　年1回

○利用者の体調管理

【日常の健康状態の観察と対策】

異常の兆候をできるだけ早く発見するために，入所者の健康状態を常に注意深く観察することが大切です。

注意観察の内容

A　意識レベルの低下　B　頻脈（または徐脈）　C　呼吸数の上昇　D　発熱（体温）　E　嘔吐（吐き気）　F　下痢　G　腹痛　H　咳，喀痰の増加　I　咽頭痛・鼻水　J　皮膚の発疹　K　発赤，腫脹，熱感　L　摂食不良　M　頭痛　N　顔色，唇の色が悪い

また，日常から入所・在宅利用者の抵抗力や感染への抵抗力を高めるため，尿道カテーテル等のチューブをはずす，おむつをはずす等，入所者の健康状態の維持・向上に寄与する取組みを行うことも必要です。在宅の場合，利用者の

家族へも協力を求めます。

【入所時の健康状態の把握】

入所時点での健康状態を確認するために，入所時の健康診断を行うほか，サービス担当者会議における情報の共有や入所前の主治医（かかりつけ医）から診断書等を提出してもらい確認します。

【健康状態の記録】

感染症対策のため，定期的な検温の実施をし，健康記録表に①月日，②時間（午前）・体温，③時間（午後）・体温を記録します。

【血液，体液の処理】

血液，体液は下記のように処理を行います。

血液，体液，分泌物，嘔吐物，排泄物（便）等に触れる時，傷や創傷皮膚に触れる時	手袋を着用，対応後の手指の消毒
血液，体液，分泌物，嘔吐物，排泄物（便）等に触れた時	液体石鹸と流水による手洗い，できれば医師へ相談
血液，体液，分泌物，嘔吐物，排泄物（便）等が飛び散り，目，鼻，口を汚染するおそれのある時	マスク，必要に応じてゴーグルやフェイスマスクを着用
血液，体液，分泌物，嘔吐物，排泄物（便）等で衣服が汚れ，他の入所者に感染のおそれがある時	使い捨てエプロン・ガウンを着用
針刺し事故の可能性がある時	手袋を着用

【ワクチンによる予防】

ワクチン名	対　応
インフルエンザ	毎年，全員に接種する
B型肝炎	採用時に接種する
新型コロナウイルス	国の設定した期間内全員接種する
その他のワクチン	感染症の広がり等を考慮し対応する

【共用室感染対策】

共用室は，施設内の玄関，玄関ホール，食堂，リビングルーム，リハビリ室や浴室・トイレ・洗面所になります。

清掃・消毒	共用室使用前・使用後の清掃と消毒の実施
マスク着用	共用室使用時に利用者にマスクの使用
換気の実施	1時間に1回程度，窓を開ける，また，窓サッシを5cm，2か所開ける
利用時間の設定	利用時間をできる限り制限する
利用記録の作成	感染が発生した利用者を特定し，検査等の対応を行う

記載例

例1

項目	現在の状況		説明
	対策済	検討中	
日常の健康状態の観察と対策	○		入所時の健康チェックと医師の診断の実施
入所時の健康状態の把握	○		在宅 ➡家族に健康状況の確認 施設 ➡施設看護師から健康状況の聞き取り
健康状態の記録	○		体温記録表の作成
血液，体液の処理	○		血液，体液の処理対策マニュアルの作成と研修・訓練の実施
ワクチンによる予防	○		インフルエンザ・コロナウイルスワクチンの接種
共用室感染対策	○		共用室利用マニュアルを作成し，研修の実施

例2

職員・利用者は毎日検温を行い，検温・体調チェックリストのチェック項目によって体調管理を行う。職員は出勤前に各自でチェックし，発熱や風邪症状等がある場合は出勤しない。

- 職員は出勤前に検温・体調チェックを行う
- 利用者宅訪問時，利用者の検温・体調をチェック
- 利用者の発熱・体調不良時には，送迎・訪問前に利用者より事務所に連絡がある

《チェック項目》

- 体温が37.0度以下である
- 鼻水，せき，くしゃみ，全身倦怠感，下痢，嘔吐，咽頭痛，関節痛，味覚・聴覚障害等の症状の有無

○事業継続対策

① 小康期の対応

➡次の流行波に向けた対策

（衛生対策用品の補充・備蓄食糧品の補充）

➡家族会の開催

（感染防止で面会ができない利用者家族への状況報告）

➡職員対応

（利用者生活スケジュール調整による職員へ休暇対応）

② 収束期の対応

➡感染症対応の記録

（感染症蔓延時の記録の整理）

➡施設の医療体制に関する協議

（主治医等を交えて，施設の医療体制の拡充や強化に関する協議・対応の実施）

5．緊急時の対応

(1) BCP発動基準

BCP発動基準については，震度６でも被害がそれほどない場合もあり，
状況で判断することになるが，
BCP策定初期は，具体的に数値基準を設けるほうがよい
「地震：震度６弱以上」「水害：警戒レベル３以上」など

記載例

例１

【BCP発動の判断基準】

下記項目の内，該当項目を検討し判断基準とする。

① 地震や水害等で，施設や事業所が所在する市区町村に大規模な被災がある場合

② 地震や水害等で施設，利用者の訪問先の道路インフラ等が被災し，通所介護や送迎，居宅介護支援等の業務に多大な支障が発生している場合

③ 地震や水害等で県下で大きな災害が発生し，福祉避難所の開設が必要である場合

④ 地震や水害等で役員・職員，職員家族が被災している場合

⑨ 海外でパンデミックとなった感染症の発症が国内で確認され，国等において緊急事態宣言等が発出された場合

当面は，地震の場合は震度６弱の発生，水害の場合は警戒レベル３以上

の発令された場合に発動

例2

【地震による発動基準】

東京都周辺において，震度6強以上の地震が発生し，被災状況や社会的混乱などを総合的に勘案し，施設長が必要と判断した場合，管理者の指示によりBCPを発動し，対策本部を設置する。

【水害による発動基準】

大雨警報（土砂災害），洪水警戒が発表されたとき

① 警戒レベル３　高齢者等避難

② 甚大な被害が予想される場合等においては，サービスの休止・縮小を余儀なくされることを想定し，居宅介護支援事業所にも情報共有の上，利用者やその家族にも説明する。必要に応じてサービスの前倒し等も検討する。

【感染症による発動基準】

① 感染確認者３人以上で発動

② 自治体の基準および保健所の指導に準ずる

⑵ 行動基準

まずは自らの身の安全を確保する

行動基準は，災害発生時に自らの安全確保，利用者・職員の避難誘導等，即応しなければならない行動に関し記載します。

① 自分自身の安全の確保

② 利用者の安全確保と避難

③ 被災状況の確認等

① 災害時行動基準（地震・台風等，短時間に緊急性を要する災害）

①安全の確保➡②利用者・職員の避難（勤務中）➡③BCPに定められた業務へ従事

BCPノート

被災後の職員の危険回避，避難等の対応を示すための「BCPノート」を職員が自ら作成し，緊急時の対応を指示します。

○○事業所BCPノート（表面）

フェーズ	対応項目	説　明
平常時	(1) 避難先の確認	➡地震時の避難先（室内） ➡地震時の避難先（室外） ➡水害時の避難先（室内） ➡水害時の避難先（室外）
	(2) 備蓄品確認	➡備蓄品の保管場所
	(3) 電源の確保	➡非常用電源
	(4) 飲料水の確保	➡飲料水（保管場所）
被災時	(1) 情報通信(1)	➡緊急連絡（手段）
	(2) 情報通信(2)	➡優先的連絡先 事務所 社長（携帯） 施設長（携帯）

BCPノート（裏面）

災害発生時マニュアル　　**災害発生！！**

災害情報確認 ➡ ネット：キキクル・防災情報確認

勤務中

A，危険回避
①水害：2階への避難
②地震：屋外避難

B，被害確認
①電話確認（使用可能有無）
②電気・ガス確認

C，備蓄品確認

D，安否確認
①家族の安否
②職員の安否
③利用者の安否

勤務外（自宅）

A-1，危険回避
①水害：2階への避難
②地震：屋外避難

A-2，危険回避
①避難➡指定避難先へ避難
②安全の確保

B，安否報告
①事業所への報告
緊急LINEか171

C，経路の安全確認
（出勤経路の安全確認後に
家族と協議し出勤対応）

②　感染症発生時行動基準（すべての感染症の罹患・濃厚接触）

①発生報告（管理者・保健所）➡②発生情報の報告（事業所・関連事業所）➡③利用者・利用者家族への連絡➡④保健所等の指導による消毒等➡⑤医師等への報告➡⑥医師による指示内容の受領➡⑦医師による指示をもとに実働

※　上記の項目を事業所の実情に沿って記入します。

記載例

①　災害時行動基準（地震・台風等，短時間に緊急性を要する災害）

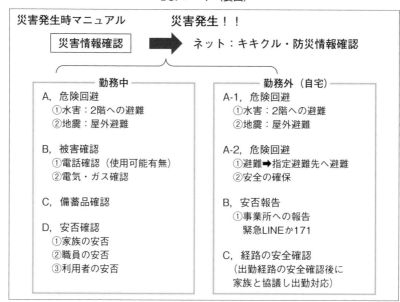

基本指針	対　応
①　災害時の基本綱領	(1)　災害時，施設で勤務中である場合には，「自らと利用者の安全」を最優先に考え行動する。
	(2)　災害時，自宅にいる場合は，「自らと家族の安全」を最優先に考え行動する。

② 災害時の基本行動	⑴ 自らの安全を確保する。
	⑵ 171（災害用伝言ダイヤル）やLINEを使用して安否確認情報を連絡する。
	⑶ 現時点の状況（位置・被災状況・ケガ等の有無）を上司へ報告する。
	⑷ 通勤や送迎時で自動車を運転中は，安全な場所へ移動する。
	⑸ 緊急時の救助等を積極的に対応する。

② 感染症発生時行動基準（すべての感染症の罹患・濃厚接触）

【職員・利用者の疑似感染や感染の確認時】

発症等	情報共有・報告	即対応
A，感染症が疑われる者を確認	【急務事項：速やかに施設長等へ報告】 ⑴ 施設長は職員会議を開催する。 ⑵ 感染症予防法上の１類２類で，保健所への報告が義務づけられているものは，報告して指示を受ける。 ⑶ 発生状況を主治医へ報告して指示を受ける。	【急務事項：消毒等】 ➡通所介護等関連事業の中止・休止措置 ➡共有スペースの消毒 ➡職員は控室・職員トイレ等の消毒 ➡保健所の指示に対応 ➡検査の実施
B，感染者が確認された場合	【急務事項：情報共有・報告】 ⑴ 施設長は職員会議を開催する。 ⑵ 感染症予防法上の１類２類で，保健所への報告が義務づけられているものは，報告して指示を受ける。 ⑶ 発生状況を主治医へ報告して指示を受ける。	【急務事項：消毒等】 ➡全館をくまなく消毒する。 ➡保健所の対応指示の確認と施行
	⑴ 利用者家族への報告 （疑似感染も感染の場合も必ず報告する）	➡患者発生の状況を利用者家族へ伝える。 ➡利用者全員の検査・健康チェック
C，濃厚接触	【職員】 ⑴ 自宅待機を行い保健所の指示に従い健康観察 ⑵ 濃厚接触者が長時間滞在した場所を換気，消毒，清掃	
	【利用者】 ⑴ 部屋の換気を充分に行う ⑵ 職員は介護業務従事時には手袋とサージカルマスクを使用	

	⑶　ケアの開始・終了時には手指を完璧に消毒 ⑷　有症状者にはリハビリテーションは実施しない。

３類～５類の感染症についても利用者に感染疑いや感染確認がある場合，上位類同様に病状や感染症の伝染性を考慮し，次の措置を検討する。

⑴　隔離措置

利用者が常時監視の対象となる感染症に罹患した場合，別室に隔離し，職員はマスク・手袋・防御着エプロン等を使用し感染を防止する。（インフルエンザＡ・Ｂの場合には緩和する）

⑵　保健所・医療機関との情報共有

常時監視の対象となる感染症に罹患した利用者の症状や対応に関し，主治医との情報共有を行い，適宜，保健所の指示を仰ぐ。

【職員が濃厚接触者・感染者となった場合の対応（すべての３類以上の感染症）】

⑴　職員の家族への感染が確認され，検査の結果「陽性」となった場合の措置

1	事業所への連絡と責任者への状況報告を行い，休暇とする。
2	検査機関(医療機関)で検査を行い,「陽性」の場合は罹患者として措置する。
3	上記の措置後，陰性であっても国の定めた期間内の自宅待機を行う。

⑵　職員が感染者となった場合の対応

1	体調の異変に気づいた日の早い時間に検査機関（病医院）で検査・診療を受け，結果を責任者へ報告する。
2	報告を受けた責任者は事業所内で概要を説明し，濃厚接触と疑われる職員の感染検査を行う。
3	当該職員との濃厚接触となった利用者にも発生状況を報告し，検査機関での検査を依頼する。
4	上記の対応が完了した時点で管轄保健所へ連絡し，指示を受ける。
5	職員や利用者への感染が確認された場合には，再度管轄保健所へ連絡し，クラスターであるかの確認を行う。
6	クラスターの有無にかかわらず，第三者への罹患が確認された時点で事業所を一定期間休止する。

【ケアの実施内容・実施方法の確認】

(1) 食事の介助等

➡食事介助は，各個室で行う。

➡利用者は，食事前に石鹸と流水による手洗いを実施する。

➡食器は使い捨て容器を使用するか，濃厚接触者のものを分けた上で，熱水洗浄ができる自動食器洗浄機を使用する。

➡まな板，ふきんは洗剤で洗い，熱水消毒するか，塩素系殺菌剤（次亜塩素酸ナトリウム液等）に浸して洗浄する。

(2) 排泄の介助等

➡オムツ交換の際は，排泄物に直接触れなくとも，手袋とサージカルマスク，使い捨ての袖付きエプロンを着用。

➡使用済みオムツ等の感染廃棄物の処理は，充分な感染防止対策を講じる。

(3) 対応体制

BCPを発動し，従来の事業執行体制からいち早く事業継続体制へ移行します。対応体制はBCP発動時の執行体制を定めるものです。

対応体制への基本的な考え方としては，日常の介護業務の事業継続を重視し，下記の対応を優先する体制とすることを勧めます。

【対応体制設定の要件】

① 事業のユーザーとなる高齢者，障害のある方の被災後の生活を支える

② 利用者・職員，職員家族の安否確認を優先する

③ 被災していない（軽度の被害）勤務可能な職員を確保する

④ 被災後の生活を支える備蓄を確保し，配布する

⑤ BCPの責任体制を明確にした対応

自施設の規模と利用者数・職員数に応じた適切な体制を検討

BCPの対応体制

<table>
<tr><th>項　目</th><th>説　明</th></tr>
<tr><td>①　対策本部</td><td>対策本部にBCPの管理運営の責任者となる総括管理者と代行者となる副総括管理者を設置します。総括管理者は理事長・取締役社長のように決定権のある方が就任します。主な役割は，BC（事業継続）の管理・運営の責任者となります。</td></tr>
<tr><td>②　事務局</td><td>対策本部にBCPの事務を担当する事務局を置くことがあります。実務として本部長や副本部長が担当することもできます。</td></tr>
<tr><td>③　BCP対策班の設置</td><td>対策担当を置く場合に，2つの方法があります。
⑴　タスク方式
　事業種別の訪問介護事業所を一時的に解散し，全体を1つの組織として下記の担当を決めるケース
⑵　組織方式
　事業種別をそのままにして，デイサービス・在宅看護サービス等の事業所別に事業を継続するケース

【BCPで事業継続に臨む際に設置する対策班の担当業務例】
<table>
<tr><td>総括班</td><td>各班の対策を確認し，事業継続の復旧時間管理・不足人員配分等を統括します。</td></tr>
<tr><td>避難誘導班</td><td>被災時の避難をスムーズに対応します。</td></tr>
<tr><td>消火活動班</td><td>火災発生時，消火にあたります。</td></tr>
<tr><td>被災確認班</td><td>被災した施設設備の調査と応急復興への対応を担当します。</td></tr>
<tr><td>安否確認班</td><td>被災後の役職員や施設入所者・利用者・利用者家族の安否の確認を行います。</td></tr>
<tr><td>備蓄品班</td><td>被災時の食糧・生活用品・燃料の確保を担当します。</td></tr>
</table></td></tr>
</table>

記載例

例 1

対策本部役職	氏名	担当	連絡先
総括責任者	○○　○○	総括	090－○○－○○
責任者	○○　○○	総括	090－○○－○○
補助	○○　○○	備蓄品・被災確認	080－○○－○○
補助	○○　○○	避難誘導・被災確認	080－○○－○○
補助	○○　○○	避難誘導	090－○○－○○
補助	○○　○○	避難誘導・安否確認	090－○○－○○
補助	○○　○○	消火活動	080－○○－○○
補助	○○　○○	消火活動・安否確認	090－○○－○○
補助	○○　○○	救護活動・安否確認	090－○○－○○
補助	○○　○○	救護活動	090－○○－○○

役割分担

対策本部役職		対策本部における職務（権限・役割）
総括責任者	法人代表	• 対策本部組織の統括 • 緊急対応に関する意思決定
責任者	施設長	• 対策本部長のサポート • 対策本部の運営実務の統括 • 関係部署への指示
補助	スタッフ	• 事務長のサポート • 係部署との窓口

例 2

BCP担当	担当業務	氏名
総括責任者	➡BCPの発令，事業継続の総括責任	
副総括責任者	➡総括責任者の補佐，不在時の代理	

事務局	➡BCP発令時の事務局として備蓄品管理・経理を担当	
施設長 ●デイサービス施設長 ●在宅看護支援センター施設長 ●訪問介護ステーション施設長 ●グループホーム施設長	➡被災状況確認 ➡職員の安否確認 ➡利用者の安否被災確認 ➡被災した利用者支援 ➡備蓄品の管理配布	

（例1）

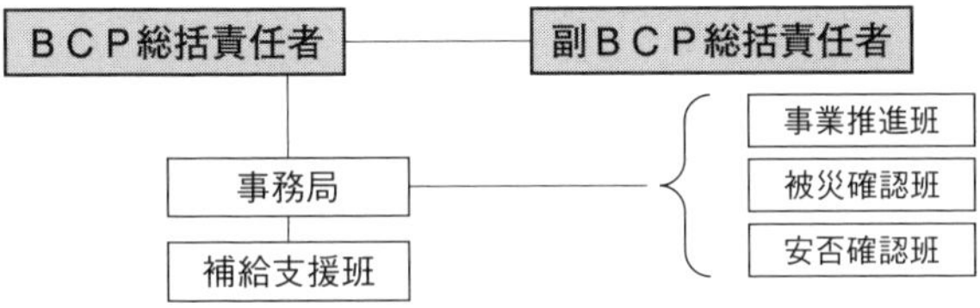

（例2）

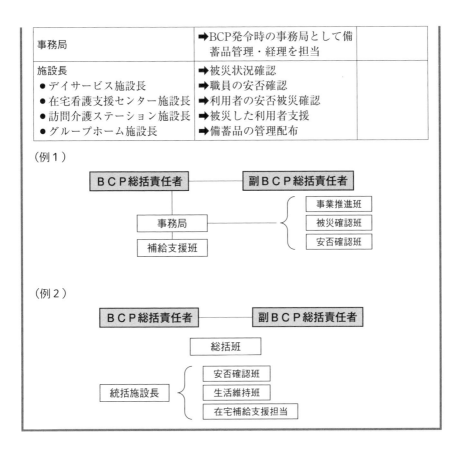

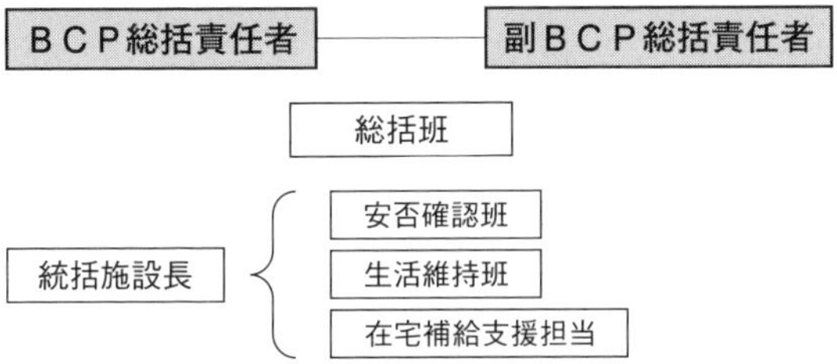

(4)　災害対策本部の設置場所

事業本部（事業所の中枢機能を担う部門）を安否確認や事業継続に関する協議等を行う災害対策本部とします。しかし，被害状況により事業本部が使えなくなることも想定し，あまり被災しない場所や施設を代替拠点として確保する必要があります。

【BCP発動時の災害対策本部設置場所の条件】

①　安全な場所であること（地震や台風等の災害時においても，安全を確保

できる場所であること）

② 緊急時の通信機能が備わっていること

③ 交通しやすいよう，駐車場・駐輪場等の利用が可能なこと

記載例

順位	名　称	設　備
1	株式会社○○事業本部１階会議室	●電話２台●洗面設備●給湯室 ●トイレ（男女・高機能） ●机８脚●椅子24脚
2	有料老人ホーム○○２階会議室	●電話２台●洗面設備●給湯室 ●トイレ（男女・高機能） ●机12脚●椅子65脚
3	デイサービスセンター○○１階リハビリ室	●電話３台●洗面設備●給湯室 ●トイレ（男女・高機能） ●机10脚●椅子36脚

(5) 安否確認

災害発生直後は，職員・利用者の安全確保と避難を優先するとともに，迅速に安否確認を行います。

介護事業のBCPでは安否確認が極めて重要

災害発生後の安否確認方法（手順）を作成し，研修を実施します。

また，緊急時の職員・職員家族および利用者の連絡先を確認の上，職員の「氏名・住所・電話番号（避難先電話番号）」，利用者の「氏名・住所・電話番号，住居地の区長，世話人」を記載した名簿を作成し，データで保管するとともに紙面でも保管しておきます。できれば，各事業所で利用者の安否確認の担当者をあらかじめ決めておくと，安否確認の時間短縮ができます。

被災後の安否情報や被災状況の確認は，下記のとおり行います。

安否情報の確認対象

対　象	調査内容
職員	• 本人と自宅の被災状況
取引先	• 取引先と取引先役員・職員の被災状況
利用者	【入所介護利用者】施設内にいる利用者，外出中の利用者の被災状況 【在宅介護利用者】被災地域に住居のある利用者の被災状況

安否確認時の聞き取り内容

職員の安否確認	①	安否状況（本人の負傷等）
	②	安否状況（家族の被災状況）
	③	避難の有無（あわせて，周辺部の被災状況確認）
	④	出勤の可能性（あくまで職員の判断を聞く）
	⑤	食糧・水の備蓄状況
	⑥	連絡先の再確認
利用者の安否確認	①	安否状況（本人の負傷等）
	②	安否状況（家族の被災状況）
	③	避難の有無（あわせて，周辺部の被災状況確認）
	④	食糧・水の確保の有無
	⑤	再避難について（避難予定先・連絡先の確認）
	⑥	困りごと相談（生活上の相談・市町村への要望等）

【安否確認の対応】

安否確認は，下記のとおり時間経過に伴った対応を行います。

時間	安否確認	状況
フェーズ１ 被災直後 ～12時間	(1)　BCP統括正副責任者➡事業施設長，責任者➡主任，副主任への連絡，災害用伝言ダイヤル171の確認 (2)　連絡調整結果報告書の作成 連絡名簿・連絡時間・出勤の可否 (3)　連絡の取れない職員・家族への電話連絡 (4)　市区町村災害担当課へ被災状況の確認 (5)　出勤した職員への被災状況確認（通勤時	● 被災直後から職員が交代で連絡をする。 ● 連絡が取れない職員・家族の被災状況の確認 ● 利用者の安否確認

	等に確認した状況） (6) 電話等の通信による利用者の安否確認の開始（被災の小康状態を確認）	
フェーズ2 ～36時間	(1) 安否確認状況に関する社内共有（これまでの職員・家族・利用者の安否情報の調整） (2) 今後の安否確認の対応確認 (3) 利用者安否確認完了後の家庭訪問の開始 (4) 警察・消防・市区町村役場への安否不明者情報の提供	●被災地の安全を確認して，利用者・安否不明関係者自宅の訪問
フェーズ3 ～72時間	(1) 警察・消防・市区町村からの行方不明者情報の提供 (2) 安否未確認職員・家族自宅への確認訪問 (3) 利用者安否確認完了後の家庭訪問の継続	
フェーズ4 72時間～	(1) 事業継続への傾注のため，安否確認の停止 (2) 報告書作成 (3) 職員・職員家族，利用者の安否について社内共有，今後の対策協議	●72時間を経過し，安否不明者の捜索断念

記載例

以下，地震や水害に被災した場合の施設の全体的な安否不明者の捜索である。なお，72時間を経過し，安否未確認であれば，生存確率は数パーセントとなるので，消息不明として対応し，捜索にあたる警察・消防および市区町村と連携をしながら対応する。

その際に，職員等にPTSD（Post Traumatic Stress Disorder）の症状が発症することがあるので，発症があれば精神科医へ相談する。

安否確認

(1) 安否確認の手順（被災～72時間以内）

↓ フェーズ1　職員・職員家族の安否確認

↓ フェーズ1　利用者の安否確認

↓ フェーズ2　利用者・職員・職員家族の安否不明者リストアップ

↓ フェーズ3　利用者家族への安否不明の連絡

⑵ 職員の安否不明の確認

↓ フェーズ1 災害用伝言ダイヤル171の確認（公衆回線が使用できる箇所で）

↓ フェーズ1 市区町村災害担当課へ安否不明者住所地の被災状況確認

↓ フェーズ2 警察・消防・市区町村役場への安否不明者情報の提供

↓ フェーズ3 警察・消防署への安否不明者の確認

⑶ 利用者安否不明の確認

↓ フェーズ2 利用者自宅への訪問（経路の安全が確認されている条件下）

↓ フェーズ2 利用者居住地区長・民生委員等の確認

↓ フェーズ3 市区町村担当課での確認

↓ フェーズ3 事業責任者への状況報告

↓ フェーズ4 利用者家族への状況報告を行い，生死確認時点での報告依頼

⑷ 安否不明者の対応（発災後経過時間別）

↓ フェーズ1 電話による安否確認

↓ フェーズ2 市区町村消防署関係機関相談

↓ フェーズ3 警察・消防へ捜索状況確認

➡72時間経過後，職員・職員家族および利用者の安否について統括責任者が全職員に状況を報告し，今後の対応を協議する。

災害関連死

災害に起因し，職員が死傷した場合，死亡のケースでは葬儀，葬儀後の家族への対応等，施設長をリーダーとして最善を尽くす。また，家族（配

偶者，子，孫，本人両親）が災害関連死した場合には，勤務体制への配慮等を行い最善を尽くす。

被災（家屋）

災害に起因し，職員の住宅が被災した場合，施設は被災者住宅や仮設住宅，みなし仮設の生活を考慮し，生活再建に必要な被災後6週間の勤務を緩和して対応する。また，本人の希望を確認し，職員間の相互扶助（募金や家電等の提供）を対応する。

① 職員の安否確認

被災直後，BCP発動以前であっても職員の安否確認をします。安否確認は，勤務時間であれば管理者または(3) **対応体制**で選任した安否確認班が緊急時連絡先一覧表を使用して各職員への連絡を行い，勤務時間外であれば職員から電話やLINEを使用して安否と被災状況を担当へ連絡します（なお，個人情報を取り扱うので「個人情報管理」に注意し，積極的に個人情報保護研修を受講する）。

また，災害時に機能を発揮する「災害用伝言ダイヤル171」あるいはPCメール情報システム等，容易に安否確認ができる方法を日頃から周知しておきましょう。

【職員の安否確認の流れ】

被災時の情報連絡の流れとしては，次の2通りの方法を施設と職員間で検討し，対応を定めておきます。

（事業所が連絡主体となるケース）

（職員が連絡主体となるケース）

【被災が夜間の場合の対応】

被災後，全職員は，家族・住宅，周辺の被災を事業所へ報告します。

安否報告後，家族や親類縁者の被災状況を確認し，出勤の可否を再度事業所へ報告します。

※　夜間の被災の場合，夜明けを待って出勤します。

記載例

職員の安否確認の方法

項　目	説　明
①　電話による確認	公衆回線電話・携帯電話によって安否・被災状況を確認する
②　LINE	LINEを使用して安否・被災状況を確認する
③　災害用伝言ダイヤルによる確認	災害用伝言ダイヤル（171）を活用して安否・被災状況を確認する

【安否確認の注意事項】

災害後に①～③の方法を使用しても連絡が取れない職員があった場合，近所の職員に確認を依頼する。なお，確認者の二次被災を防ぐために，事前に被災地の被害状況を確認した上で対応する。確認者は，確認後，安否や被災状況を本部長に報告する。

②　利用者の安否確認

災害発生時は，利用者の安全確保と避難を優先し，施設利用者で外出中の者や在宅介護利用者の安否も確実に把握します。

迅速に初動がとれるように，平時において，住宅地図（精度の高い地図）上での自宅位置の把握と，利用者，利用者親族，主治医，区長や親交のある友人の電話番号を確認して利用者個人の緊急時連絡一覧表を作成しておきます。なお，この連絡一覧表は必ず毎年更新しておきましょう。

【入所介護と在宅介護の安否確認の違い】

介護事業は，サービスを受ける利用者（入所・在宅介護サービスの利用者）を中心に事業を運営しますので，事業の形態によって，安否確認の対象者が異なります。

記載例

事業形態	安否確認の対象者	詳　細
入所介護	利用者	➡施設内にいる利用者の安否確認 ➡被災当時，外泊していた利用者の安否確認（外泊届出先，身元引受人）
	利用者家族	➡施設利用者の家族（２親等以内，後見人等の近親者）の安否確認
在宅介護	利用者	➡被災地域に住居のある利用者に電話で安否確認 ➡安否確認ができない場合，家族へ電話し確認 ➡家族に確認できない場合，被災後の道路等の安全を確認し，自宅へ訪問する ➡自宅へ訪問しても利用者の安否が確認できない場合，区長や隣人に尋ねる ➡利用者の安否が確認できず区長や隣人も行先が不明の場合，利用者名簿に基づく本人の親族（身元保証人・２親等以内の親族）住所地の連絡先を確認する。 ➡上記の確認が取れない場合，子供や親しい友人の家等を確認する ※事前に緊急時連絡先を確認しておくことが望ましい

安否確認用　緊急連絡先カード

安否確認に使用するため，職員・利用者の緊急連絡先カードを作成します。

カードは２部作成し，１部を施設長（入所介護）や介護業務の担当者が所持し，もう１部は事業所長等が金庫等で保管します。

なお，本カードを作成し，運用するためには，下記の対応を行うことが望ましいです。

①　個人情報に関する研修会の実施 ②　情報カードの運用社内規則の設置 ③　管理者（総括管理者）・担当者の確認表作成 ④　管理状況の確認（２回／年の保管確認と内容の確認）

緊急連絡先カード（見本：表面）

氏名＿＿＿＿＿＿＿＿＿（利用者・職員）

自宅	住所	
	電話番号	

連絡先		名前	電話番号
家族連絡先	父（本人）		
	母（本人）		
	父（配偶者）		
	母（配偶者）		
	配偶者勤務先		
	学校（子供１）		
	学校（子供２）		
	学校（子供３）		
	学校（子供４）		
友人	友人（本人）		
	友人（配偶者）		
親族	親戚（本人）		
	親戚（配偶者）		
その他			

緊急連絡先カード（見本：裏面）

氏名＿＿＿＿＿＿＿＿＿＿＿＿（利用者・職員）

①　自宅周辺見取り図

②　通勤経路

安否確認事業所連絡網

①　責任者：携帯電話，メールアドレス，自宅住所

連絡先	連絡先（携帯電話）	メールアドレス	住　所
取締役社長 ○○○○	○○○－○○○○ －○○○○	○○○○○○○○ @○○○○	○○市○○△△ 丁目□番地
専務 ○○○○	○○○－○○○○ －○○○○	○○○○○○○○ @○○○○	○○市○○△△ 丁目□番地
デイセンター施設長	○○○－○○○○ －○○○○	○○○○○○○○ @○○○○	○○市○○△△ 丁目□番地
訪問看護ステーション 管理者	○○○－○○○○ －○○○○	○○○○○○○○ @○○○○	○○市○○△△ 丁目□番地
ホームヘルプセンター 管理者	○○○－○○○○ －○○○○	○○○○○○○○ @○○○○	○○市○○△△ 丁目□番地
サービス付介護住宅 ○○荘施設長	○○○－○○○○ －○○○○	○○○○○○○○ @○○○○	○○市○○△△ 丁目□番地

② 主任クラス：携帯電話

連絡先	連絡先（携帯電話）
事務長　○○○○	○○○－○○○○－○○○○
デイセンター主任	○○○－○○○○－○○○○
デイセンター副主任	○○○－○○○○－○○○○
訪問看護ステーション主任	○○○－○○○○－○○○○
訪問看護ステーション副主任	○○○－○○○○－○○○○
ホームヘルプセンター主任	○○○－○○○○－○○○○
ホームヘルプセンター副主任	○○○－○○○○－○○○○
サービス付介護住宅介護士長	○○○－○○○○－○○○○

(6) 職員の参集基準

どの程度の被災レベルで職員が所定の場所（BCPで定められた出勤地）へ出勤するかについての基準を定めます。

【配慮したいケース】

① 自宅や家族が被災し，復旧や治療の対応が必要な場合

② 出勤経路の安全が確認しにくい場合

③ 事務所や施設が著しく被災し，事業所や施設に集合しても二次被災等の危険性がある場合

④ 道路や橋が使用できず，出勤に時間がかかる場合

上記の条件をクリアするには時間が必要であるため，災害発生後は時間経過を重視した対応が必要です。

記載例

例1

配　備	参集基準	参集・業務
第1基準	所在住所で震度5弱以下 警戒レベル3以下	【出勤】各事業所へ出勤 【業務】利用者の安全確認，設備点検，被害状況確認，報告，各機関との連絡調整，BCP発動の検討
第2基準	所在住所で震度5強以上 警戒レベル4以上	【出勤】安全を確認後，施設長へ出勤を連絡して出勤 【業務】災害対策本部の設置 利用者の安全確認，設備点検，被害状況確認，報告，職員安否・参集状況確認・BCPの対応体制の構築と行動

例2

1．震度6強以上の揺れが発生した場合は，職員から事業所に連絡を取り，30分以上連絡が取れない場合は，安全を確保しながら参集する。

2．自ら，または家族が被災した場合や交通機関，道路などの事情で参集が難しい場合は，参集しなくてよい。

例3

職員の参集基準は次の点を確認する。

(1) 被災➡家族，親族の人的被害や自宅の家屋被災の状況

(2) 周辺部➡自宅周辺の被災状況（著しい被災や火災発生がないか）

(3) 通勤経路➡日常使用する通勤経路が使用可能か，あるいは代替経路が使用できるかどうか

(4) 出勤の可否➡事業所としてBCPを適用し事業継続するのか，事業継続で，スタッフとして勤務できるかどうか

⑺　施設内外での避難場所・避難方法

①　施設内での避難

大きな地震が勤務時間中に発生した場合は，あらかじめ定めておいた施設内の安全な場所へ避難します。しかし，施設の火災や倒壊により，外部へ避難しなければならないケースもあることから，短時間に安全な避難場所へ避難するために，平時において避難場所・経路の確認をしておきましょう。

「避難行動」は，数分から数時間後に起こるかもしれない自然災害から「生命または身体を保護するための行動」です。職員や利用者の安全を確保するため，BCP総括責任者は平常時から避難対策を確認し，災害時に即座にスムーズな避難ができるよう準備・訓練等をしておきます。

【避難対策確認の要点】

①　災害種別による避難先の確認（事業所・自宅）

②　災害種別でどのような避難行動をとればよいか（避難先，避難経路，避難手段，家族等との連絡手段等）

③　どのタイミングで避難行動をとればよいか

なお，避難方法には，建物の階上に避難する「垂直避難」と安全な他の建物に避難する「水平避難」があります。避難先は被害の種類や発生した被害に基づいて決定するので，複数か所を決めておきます。

施設内においても安全な避難場所を確保できるよう，事業者は，ハード面（平屋の２階部分の増築，施設全体の嵩上げ，安全な場所への移転等）の検討も必要です。

避難方法別マニュアル

避難方法	被災要因	注意事項
垂直避難 ➡屋内避難確保	風水害	【避難方法】 風水害で浸水の危険性がある場合に適用します。エレベーターを使用する場合，機械室が地下にあればわずかな浸水でも使用できなくなります。危険な場合は早めに階上へ避難します。 【平屋の施設】 平屋の施設では階上への避難は困難ですが，食堂の机や棚の上ということも検討の余地がありますが，1m以上の浸水では危険性が高くなりますので，早急に避難所へ避難してください。
水平避難 ➡立退き避難確保	風水害 地震	【避難方法】 風水害や地震で屋内での避難が困難と判断する場合，市区町村が指定する避難場所へ避難します。 【確認事項】 避難場所への経路や距離を事前に確認しておきます。また，利用者とともに避難することになりますので，避難先の備品（ベッドや寝具）や設備（空調・暖房・トイレ）を事前に確認してデジタルカメラで撮影し，職員会議で避難方法や持参する備品等の検討を行います。

記載例

順位	名　称	避難方法
1	デイサービス○○機能訓練室	徒歩0分
2	駐車場	徒歩0分

②　施設外での避難

風水害による浸水被害や地震が勤務時間中に発生した場合には，施設内の安全な場所へ避難します。しかし，施設の火災や倒壊によりやむを得ず外部へ避難しなければならない場合を想定し，あらかじめ指定した安全な避難場所へスムーズに避難できるよう，平常時において避難訓練を実施することが重要です。

利用者とともに施設外へ避難する場合は，下記の点に留意する必要があります。平常時から充分に検討し，事前に対策を立てておきましょう。

【検討すべき課題】

① 避難生活➡寝具やベッドが使用できない，椅子が少なくひざまずいて座らなければならない

② 食事➡緊急用に弁当やパンの配布があるが，トロミ食や刻み食に対応できず嚥下障害のある場合には不向き

③ トイレ➡避難先として体育館や公民館が充てられるが，大半のトイレは和式であり，中には汲み取り式のトイレもある

④ 睡眠➡利用者の大半はユニットケアになっており，集団で眠ることになれておらず，多くの場合不眠となる

⑤ 徘徊➡利用者の中で認知症による暴言や徘徊があれば，他の避難者とのトラブルが避けらない

⑥ 付き添い➡職員の多くが被災した場合，付き添いをする職員数に限りがある

ア．施設外で勤務中に被災した場合

記載例

例1

順位	名　称	距　離	避難方法
1	○○町内会館	50m	徒歩1分
2	○○コインランドリー	70m	徒歩2分

例２

避難先		誘導担当者名
○○小学校体育館		勤務時間内：○○○○ 勤務時間外：夜勤担当者
事業所からの距離	避難時間	避難先の形状等
0.8km	12分	体育館（下記）

※避難先特記事項

避難先となっている○○小学校体育館の床は板張りでかなり堅い。避難時は○○市より担当者が管理につき，段ボールベッド（30基）を設置予定であるが，近隣の高齢者数からすると若干少ないように思われる。

できれば，避難時に折り畳めるマットレスを持参したほうが無難かもしれない。

トイレは洋式が男性用１基，女性用１基あり，残りは和式で高齢者の使用はできない。

体育館に管理室があるので，夜間の状況を見ながら対応することを考慮し，あらかじめ○○市防災担当者との協議を行っておく。

イ．利用者宅で被災した場合（居宅介護・訪問介護・訪問看護）

記載例

時　間	対　応
①　緊急情報メール受信 （緊急情報メールは，気象庁が配信する「緊急地震速報」「津波警報」，国・地方公共団体が配信する「災害・避難情報」などを対象エリアにブロードキャスト（同報）配信するサービス）	利用者宅でサービス業務中であれば停止し，避難準備を始める (1)　緊急情報メールの到達時間を確認し，避難行動に移る (2)　地震の揺れ（約５秒～20秒）の間，利用者を机の下等の安全な場所へ誘導し，自らも避難する。 (3)　避難時に緊急避難袋以外の物品は持ちださない。 **【注意事項】** ➡避難先への自動車の使用は控える。 ➡寝たきりの利用者の緊急時の避難は，ベッドの下やトイレへ避難誘導する。 ➡ベッド下等への移動が困難な利用者の場合，家具の倒壊に備え布団を上半身へ被せ，自らは安全な場所へ避難する。 ➡移動が困難な利用者宅で警報が出された場合，地震収束後，屋外で大きな声を出して救援を求める。 ➡警報での避難が必要なケースで，利用者が避難を固辞した場合，安全面を考慮し，長時間にわたる執拗な説得はしない。この際，スマートフォン等の録音機能を使用し，説得時の様

	子を記録し，避難後に状況報告をする。
② 避難後	(1) 地震が収束した場合の行動 ➡利用者の避難場所へ移動 ➡一人暮らしの利用者であれば，区長，民生委員，市町村職員へ保護を依頼する。 ➡あらゆる通信手段を講じて事業所へ状況を報告する。 (2) 行動 ➡被災状況に応じて落ち着いて，次の対応を決める。 ➡家族の安否確認をする。電話の使用が困難な場合，災害用伝言ダイヤル171を活用し家族との連絡を取る。 ➡デマ等に惑わされずに災害情報を市町村職員・警察官等で確認する。 (3) 避難先での行動 ➡避難所等からの移動が困難な状況であれば，避難所責任者（市町村職員）へ，自らの職種（介護士・介護職）を告げて，避難所でのボランティア活動を行う。 ➡被災状況によっては，事務所や家族の安否も不明で不安に駆られることがありうるが，パニックに陥らず冷静に活動する。
③ 事態収束後	(1) 事態収束後，経験した内容をまとめる ➡被災後に起きた事象等をミーティングで協議する。 ➡上記の内容は資料を作成し配布する，また，BCPの見直しの際，資料として使用する。 (2) PTSD ➡利用者が避難を拒否し，災禍にあった場合，職員がPTSDを発症する可能性があるので，事業者は発災後１か月程度職員の状況を観察する。症状が確認されたら，本人への説明後，専門医受診を促す。

ウ．勤務時間外の被災

勤務時間外に自宅等で被災した場合，職員は家族とともに安全な避難場所へ避難した後，現状の報告と避難場所，連絡方法や連絡先を事業所へ報告します。

電話や携帯電話が使用できない場合は，災害用伝言ダイヤル171を使用して連絡します。

また，通勤途上で被災した場合は，速やかに安全な避難所へ避難し，避難後には速やかに，避難先や被災状況等を事業所へLINE等を使用して報告します。

BCP発動後は，総括責任者に報告します。

(8) 職員の管理

災害発生後の事業所内の職員の休憩や宿泊する場所を確保します。

災害発生後の介護業務は職員数も少なく，長時間でハードな業務となることが予測されますので，休憩や睡眠は重要です。

BCP総括責任者等，事業継続の責任者は，常に，職員の動向や勤務時間に注意し，被災後の業務として省くことが可能なサービス業務を休止し，基本的な業務に集中するよう指示を出します。

特に，災害発生後は復旧や支援業務が大量に集中するので，勤務時間を時間単位で区切り，勤務と休憩を交互に繰り返すことが重要であり，休憩や睡眠をとれるように充分に配慮します。

① 休憩・宿泊場所の設置

休憩室を設置する場合，必要な設備等は下記となります。

広さ	2～3名程度の使用を前提として45㎡～60㎡程度
備品	① 長椅子（事務用の椅子ではなく，長椅子等のくつろげる椅子） ② 事務用の机一式（日報の作成等に使用する） ③ ベッド（折り畳み式の簡易ベッド，布団一式） ④ 湯沸具（湯沸しポットや茶器等） ⑤ 電子レンジ ⑥ デスクライト（就寝時に使用する） ⑦ 冷蔵庫（あくまで停電しない状況での使用を前提） ⑧ 調理用コンロ（カセットガスコンロ＋ボンベ） ⑨ 懐中電灯 ⑩ 事務用品一式（自宅訪問時の置き手紙や日報などの作成用）
設備	① 空調機器・暖房用ストーブ（停電時使用） ② 個人用ロッカー

記載例

被災後の下記の状況の職員に対応するために，休憩・宿泊場所を設置する。

職員の被災状況

ケース	被災状況
ケース1	自宅が被災し，家族が避難所での生活を余儀なくされている場合
ケース2	安否確認等，長時間にわたる勤務が必要で交通機関の利用が困難な場合

職員の休憩・宿泊場所は次のとおりとする。

休憩・宿泊場所

<table>
<tr><th rowspan="2">施設名</th><th colspan="2">災害時対応施設</th></tr>
<tr><th>休憩場所</th><th>宿泊場所</th></tr>
<tr><td>事業本部</td><td>設置</td><td rowspan="6">事業本部と各施設に設置する
{ 仮設ベッド２名分
休憩用長椅子</td></tr>
<tr><td>有料老人ホーム</td><td>設置</td></tr>
<tr><td>小規模多機能施設</td><td>設置</td></tr>
<tr><td>デイサービスセンター</td><td>設置</td></tr>
<tr><td>在宅介護支援センター</td><td>設置</td></tr>
<tr><td>訪問介護支援センター</td><td>設置</td></tr>
</table>

②　勤務シフト

被災した時点で，当該月の勤務表は使用せず，安否調査で確認された出勤可能職員による勤務シフト体制で勤務する。不要不急の業務を省力化し，職員数に応じて必要な業務を中心に従事する。

事業形態	継続業務	継続外業務
入所介護	投薬管理・食事介助・オムツ交換	入浴・レクリエーション・リハビリ・散歩等
	＜身体介助＞ 投薬管理，身体の清拭，食事の介助，体位変換，オムツの介助	＜身体介助＞ 入浴介助，洗髪の介助，食事の介助，床ずれの予防

在宅介護	＜生活援助＞ 炊事，洗濯，掃除 買い物，生活に関する相談・助言	＜生活援助＞ 整理整頓，裁縫，布団干し，生活に関する相談・助言

記載例

例1

【勤務シフトの組み方】

(1) 被災時にその月（週）の勤務シフトは終了する。

(2) 新たな勤務体制は各事業所の施設長（管理者）が出勤できる職員を中心に組み替える。

(3) 新たな勤務シフトは３日間で一巡とし，３日間ごとに組み直す。

(4) 勤務時間は３交代制とする。

(5) 勤務表は各施設長（管理者）が記入して管理する。

【勤務シフトのパターン】

被災時の勤務シフトのパターン（3時間のインターバル）（➡＝勤務）

氏　名	1時間	2時間	3時間	4時間	5時間	6時間	7時間	8時間
○○○○	➡	➡	➡	休憩	➡	➡	➡	休憩
○○○○	➡	➡	休憩	➡	➡	➡	休憩	➡
○○○○	➡	休憩	➡	➡	➡	休憩	➡	➡

例2

【勤務シフトの組み方】

被災後の業務として，片付けや安否確認，電話対応等と利用者の自宅訪問があり，通常勤務ではカバーできない時間帯の対応が求められるので，フレックス勤務体制等を導入し，職員の負担軽減を図る。

勤務シフトの対応

① 勤務体制（デイサービス・介護支援センター・在宅看護支援センター）

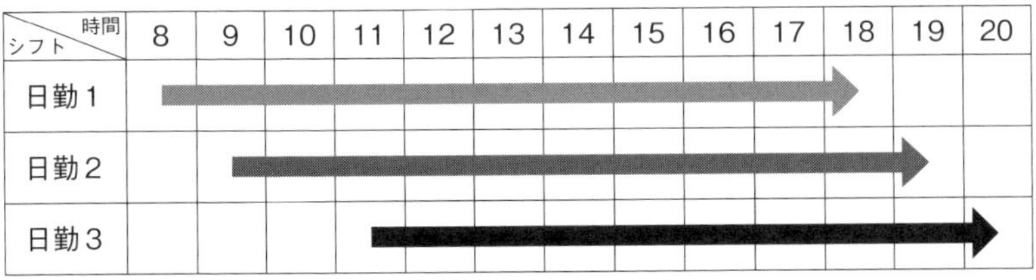
時間
シフト
8
9
10
11
12
13
14
15
16
17
18
19
20
日勤 1
日勤 2
日勤 3

(9) 復旧対応

① 破損個所の確認

災害後，建物・設備の被害状況について＜建物・設備の被害点検シート＞をもとに確認し，事業継続可能か判断します。修繕・修理等が必要であれば関連業者に連絡を入れることになりますが，依頼が一斉に殺到するため早期回復は難しいと考えたほうがよいです。

建物・設備の被害点検シート

対象		状況（いずれかに○）	対応事項／特記事項
建物・設備	躯体被害	重大／軽微／問題なし	
	電気	通電／不通	
	水道	利用可能／利用不可	
	電話	通話可能／通話不可	
	インターネット	利用可能／利用不可	
	・・・		
建物・設備（フロア単位）	ガラス	破損・飛散／破損なし	
	キャビネット	転倒あり／転倒なし	
	天井	落下あり／被害なし	
	床面	破損あり／被害なし	
	壁面	破損あり／被害なし	
	照明	破損・落下あり／被害なし	
	その他，順次更新		

②　業者連絡先一覧表の整備

被災後の復旧対応がスムーズに行えるよう，業者連絡先一覧表を作成します。

業者連絡先一覧を作成する際の業者の分類は次のとおりです。

一覧表は電話番号中心に作成します。なお，被災後に電話が使用できなくなることもありますので，担当される方は業者のLINEやメールアドレスも控えておくと大変重宝します。

分類①～④	分類⑤～⑧
①医療（病医院・薬局・鍼灸院）	⑤自動車（販売店・修理業者）
②修理業者（電気・水道・ガス）	⑥賄材料（肉魚野菜等）
③修理業者（PC・ソフトメンテナンス）	⑦衛生材料（紙オムツ等）
④修理業者（コピー・プリンタ）	⑧廃棄物（医療・一般・産業）

特別分類➡都道府県・市町村・警察署（署および派出所）・消防署

記載例

例1

発注業者連絡先

分　類	業者名	担当者	住　所	電話番号
文具	○○商店	○○○○	○○市○○ 丁目　番地	○○○－○○○－ ○○○○
ガス	○○商店	○○○○	○○市○○ 丁目　番地	○○○－○○○－ ○○○○
電気工事	○○電気	○○○○	○○市○○ 丁目　番地	○○○－○○○－ ○○○○
水道工事	○○水道	○○○○	○○市○○ 丁目　番地	○○○－○○○－ ○○○○
野菜	○○商店	○○○○	○○市○○ 丁目　番地	○○○－○○○－ ○○○○
肉	○○スーパー	○○○○	○○市○○ 丁目　番地	○○○－○○○－ ○○○○
米屋	○○米穀	○○○○	○○市○○ 丁目　番地	○○○－○○○－ ○○○○

例２　業者分類別一覧表

緊急連絡先

（修理業者）

種　別	業者名	担当者	電　話	携帯電話
電気	○○電気工事店	○○○○	○○○－○○○○	○○○－○○○○
	△△電気工事店	△△△△	△△△－△△△△	△△△－△△△△
水道				
トイレ				

（賄材料）

種　別	業者名	担当者氏名	電　話	携帯電話
精肉				
鮮魚				
野菜				
嗜好品				

（医療機関）

種　別	医院名	医師氏名	電　話	携帯電話
主治医 内科				
主治医 外科				
薬局				

（交通機関）

種　別	業者名	担当者氏名	電　話	携帯電話
福祉タクシー				
自動車修理				
JAF				

⑽　他施設との連携

①　連携体制の構築

施設が被災し，利用者への介護サービスの提供が困難と判断される場合，他の施設に介護サービス提供を依頼することになります。緊急時にスムーズに連携がとれるよう，あらかじめ介護事業別に事業内容が類似する近隣施設との協力体制構築を積極的に進め，協定を締結することを検討する必要があります。

施設間連携については，都道府県担当課や施設介護団体等が中心となって，近隣の介護事業者間の協定締結を支援しています。

さらに，東日本大震災や熊本地震等のような複数の市区町村に被害が及ぶ広域的な災害であれば，近隣の市区町村の事業者間連携では，充分に機能しないことが予測されます。特に，今後発生が懸念される南海トラフ地震をはじめ，大規模な地震や台風などによる被災を想定して，地理的に距離のある施設間での協定も締結しておくのが望ましいと考えます。

② 地域ネットワーク等の構築・参画

記載例

例1

【連携関係のある施設・法人】

施設・法人名	連絡先	連携内容
老人ホーム○○	○○－○○－○○	

【連携関係のある医療機関（協力医療機関等）】

医療機関名	担当医	電話番号
○○総合病院	○○－○○－○○	○○○－○○○－○○○○

【連携関係のある社協・行政・自治会等】

名　称	連絡先	連携内容
○○市役所　介護福祉課	○○－○○－○○	
○○市役所　地域包括ケア推進課	○○－○○－○○	
○○市すこやかセンター（地域包括支援センター）	○○－○○－○○	
○○市社会福祉協議会	○○－○○－○○	
在宅福祉センター	○○－○○－○○	

例2

【連携関係のある施設・法人】

連携の有無	連携先
■現在，連携関係を持っている	■事業所（施設名　有料老人ホーム○○） □事業所（事業所　　　　　　　　　　）
□現在連携先を検討中である	□事業所（施設名　　　　　　　　　　） □事業所（事業所　　　　　　　　　　）

【連携関係のある医療機関（協力医療機関等）】

（内科）

医療機関名	担当医	電話番号
○○病院	○○○○（内科医）	○○○－○○○－○○○○

（外科・整形外科）

医療機関名	担当医	電話番号
○○医院	○○○○（整形外科医）	○○○－○○○－○○○○

（精神科）

医療機関名	担当医	電話番号
○○病院	○○○○（精神科医）	○○○－○○○－○○○○

（調剤薬局・ドラッグストアー）

薬局名	担当薬剤師	電話番号
○○処方箋薬局	○○○○	○○○－○○○－○○○○

【連携関係のある社協・行政・自治会等】

連携の有無	連携先
■現在，連携関係を持っている	■消防団 □社会福祉協議会 □NPO法人 ■老人クラブ・婦人会等 ■地区自治会 □その他（名称　　　　　　　　　）
■現在連携先を検討中である	□消防団 ■社会福祉協議会 □NPO法人 □老人クラブ・婦人会等 □地区自治会 □その他（名称　　　　　　　　　）

(11) 連携対応

介護事業の連携体制は，施設や訪問介護利用者周辺の生活圏エリアと都道府県や市区町村のボーダーを越えた広域エリアの２つのエリアを対象として，それぞれで構築しておく必要があります。

生活圏エリアでは，派出所の駐在さんや区長，民生委員，ご近所の方などとの連携体制を築いておきます。広域エリアでは，「東日本大震災」や発生が懸念される「南海トラフ地震」のような大規模な災害時に，一時的に利用者を預かってもらったり，職員を派遣してもらうなどといった応援をいただくことがあります。この項では，連携の具体的なあり方について策定します。

① 生活圏エリア連携対応

災害時の利用者の生活を支えるためには，近隣の方々の協力や支援が不可欠です。事業所（施設）として，他の事業所や地域との連携を強化していくための対応策を定めます。

記載例

> ①　事業所の夏祭りやクリスマスに地元の区長や老人クラブ役員を招待し，交流を深めます。
> ②　介護実践教室等を開催し，住民の方に参加していただくように働きかけます。
> ③　地元消防団や区民の方々との交流会を開催します。

②　広域エリア連携対応

重要なのは，どのような被害想定で対応するかですが，広域エリアでは大規模で復興に時間のかかる災害を想定します。

すでに，都道府県や市町村単位で締結しているケースもありますので，提携する際には担当者へお尋ねください。

事業所（施設）および大半の職員や利用者が被災し，施設が使用できなくなったり，救援が必要となった場合を想定して，あらかじめ近隣の事業者間で協議し，応援協定等を締結するなどの連携を積極的に進めることが重要です。

しかしながら，東日本大震災や熊本地震等，複数の都道府県に及ぶ災害であった場合は，近隣の事業者間の連携では充分に機能しないことが予測されており，地域を越えた広域的協定の必要性があります。これまでは，都道府県担当課や施設介護団体等が中心となって，被災していない介護事業者とともに応援体制を取ってきましたが，今後は事業を管理運営する理事長（取締役社長）や職員が中心になって，対応可能な施設を探し出し，協議を進めることが急がれます。

記載例

【応援協定の締結方針】

近年，大規模な災害が発生しており，被災時の利用者の生活を守るため，今後，隣接する市町村等の事業者との応援協定締結に向け対応していく。

現在検討中の応援協定先

協定対象先	対　応
①　○○介護事業所 住所：○○県○○市	(1)　提携相談 ○○県介護保険課へ，提携に関する相談ならびに協議を行い，支援を受ける。 (2)　経営懇談会の開催 ○○介護事業所・○○株式会社でトップ会議を開催し，提携の方向性を決める。 (3)　往年協定の締結 各事業所間の検討および機関決定後に協定を締結する。 (4)　職員間交流の開催 各事業所との職員交流会を開催する。 (5)　共同研修会の開催 事業別合同研修会の開催

(12)　地域への支援体制

東日本大震災や熊本地震，あるいは線状降水帯が原因となった大水害では，広域に及ぶ範囲における高齢者や障害者等への支援が課題として浮き彫りになりました。このため，前項で説明した「広域エリア連携」による地域連携が急務となっています。

地域連携については，厚生労働省が「災害時の福祉体制の整備について」で各都道府県における災害福祉ネットワーク構築を図るとしています。また，社会福祉法人全国社会福祉協議会では，災害派遣福祉チーム（DWAT）を各地域の災害へ派遣しています。

被災地支援は介護事業所にとって負担としてとらえがちですが，被災地側にとっては事業継続対策の支えとなります。

① 被災時の職員の派遣

被災地への職員派遣に関しては，事業所や施設が地域エリアや広域エリアの連携の中でどのように位置付けるかについて記入します。

記載例

例１　派遣有り

> 職員の派遣について
> ■派遣したことがあり，今後も対応する
> （令和○年の○○県一帯を襲った水害時に介護士２名を県からの要請に従い２週間派遣した）
> □派遣したことはないが，今後，対応する
> □現状では困難である。

例２　派遣可能性有り

> 職員の派遣について
> □派遣したことがあり，今後も対応する
> ■派遣したことはないが，今後，対応する
> （被災後の対応として重要なことなので，職員会議で職員の意見を聞いて対応を決める）
> □現状では困難である。

例３　派遣可能性無し

> 職員の派遣について
> □派遣したことがあり，今後も対応する
> □派遣したことはないが，今後，対応する
> ■現状では困難である。
> （看護・介護職が不足しており，派遣の重要性は認識しているが，現状では難しい）

② 福祉避難所との協定

福祉避難所は，高齢の方や障害のある方で被災後の公民館や体育館での避難

生活が困難な方のために設けられるものです。避難所の一部に専用スペースを設置して作るケースと，あらかじめ市町村等との協定が締結された介護老人福祉事業所や預かりができる老人ホーム等へ一時的な預かりを委託するケース（二次避難所）があります。

介護事業のBCPでは，事業所や施設が，地元自治体等と福祉避難所としての協定をしているのかについて記入します。

福祉避難所とは，災害対策基本法で，一般的な体育館や公民館の避難所では対応できない高齢者・障害者や乳幼児等の災害時における「要配慮者」を，介護施設等へ一時的に滞在させて避難させる場所であると定められています。福祉避難所の指定要件は福祉避難所の確保・ガイドライン（内閣府）で定められていますが，自治体によって指定要件にばらつきがあり，今後の検討が必要な項目です。

記載例

例1　協定している福祉避難所

項　目	説　明
■協定がある	平成28年締結・12人収容可能 ○○市との協定
□検討中	現在検討中（市区町村からの要請がある）

例2　検討中

項　目	説　明
□協定がある	
■検討中	現在検討中（市区町村からの要請がある） ○○市より，福祉避難所協定について協議申し入れがあり，現在検討中である。
□当事業所では対応していない	

例3　対応していない

項　目	説　明
□協定がある	
□検討中	現在検討中（市区町村からの要請がある）
■当事業所では対応していない	当施設の定員が30名であり，全室満室状況にあり，受け入れができない。

6．BCPの運用

策定後，少なくとも年１回以上の研修・訓練の実施が必要

(1) 研修・訓練の実施

地震，風水害の被災を前提として，BCPの項目別かつ災害種別に避難，安否確認等の研修を実施します。

① BCP研修

研修の目的➡被災時に落ち着いて適切な行動をとれるよう，平常時に対策の検討と周知を徹底します。

研修の方法➡各職員の災害経験を中心に，災害の状況をシミュレーションしながらフリートークで研修します。

② BCP訓練

災害避難訓練➡災害種別の避難訓練の実施

- 南海トラフ地震➡市町村で作成する南海トラフ被災地図に基づき，津波を想定した避難訓練の実施
- その他の地震➡震度６弱～強の発生を前提とした避難訓練
- 風水害➡水害の被害を前提とした訓練

在宅時被災の訓練

- 情報連絡研修➡在宅で被災した場合の情報連絡体制の訓練

記載例

例1

> 研修・訓練については，初年度は簡易的な記載にとどめ，次年度以降から詳細を定めていくことが望ましい。
>
> - 本BCPの項目別かつ災害種別に訓練を実施する。
> - 年２回実施が求められている消火訓練および避難訓練に合わせて，少なくとも年１回の研修，年１回の訓練を実施する。
> - 実施時期：10月

例2

【研修の実施】

ハザードマップの被災可能性や過去の被災経験に基づいて，主要事業継続に向けた研修を実施する。

研修計画

<table>
<tr><th>研修項目／担当</th><th>管理職研修</th><th>主任研修</th><th>一般研修</th><th>事業本部研修</th></tr>
<tr><td>1　事業継続計画研修</td><td colspan="4">事業継続計画基礎研修（概要編）</td></tr>
<tr><td rowspan="2">2　緊急時のマネジメント研修</td><td colspan="3">• 避難誘導対策 • 緊急時指示対応対策
• 被災報告管理等研修 • 情報管理研修</td><td>被災時事務管理研修</td></tr>
<tr><td colspan="3">• 避難対応時管理研修 • 指示命令研修</td><td></td></tr>
<tr><td>3　BCP実務研修</td><td colspan="3">• 被災確認業務 • 安否確認業務 • 補給支援業務</td><td></td></tr>
</table>

【訓練の実施】

ハザードマップの被災可能性や過去の被災経験に基づいて被害を想定し，主要事業継続に向けた訓練を実施する。

訓練計画

訓　練	説　明
机上訓練	机上訓練（Table Exercize）は特別な道具立てや準備を必要とせず，グループ討論の方法で訓練を実施する。 策定した事業継続計画に従って，被害のドキュメントを作成し，参加者はドキュメントを参考に，仮想的なシナリオに応じて，グループ討議方式で災害予兆期・被災時・事業継続開始時等のフェーズに沿った訓練を実施する。 ➡地震・水害の災害予測に基づく災害想定表 ○地震訓練 平成28年の熊本地震を参考に，地震発生時の避難誘導等を日中と夜間の２つの時間帯に沿った対応を想定し，どのように対応するかを訓練する。 ○水害訓練 豪雨により河川が氾濫した想定をドキュメントし，日中と夜間の２つの時間帯に沿った，災害予兆期（避難対応機）➡被災時（避難完了期）➡事業継続期の時間的状況を想定し，どのように対応するかを訓練する。
実地訓練	実地訓練は，実際の災害を想定し訓練を実施する。 ①　避難訓練（利用者避難➡災害防止対応➡職員の避難） ②　事業継続訓練（施設・設備の内，最低限生活可能な範囲の装備を前提に，施設を活用した事業継続訓練の実施） ③　想定した災害に基づいて，実際に利用者宅を訪問し，利用者宅周辺の河川や崖等の危険因子を確認し，その実査を前提とした対応を検討する。

例３

BCP研修

項　目	説　明
①　BCP職員研修	BCPに関する職員研修を毎年１回程度開催する。
②　BCP主任研修	主任の担当業務である「安否確認・備蓄・事業継続」の研修を毎年５月に実施する。
③　BCP社内研修会	BCPに欠かせない気象情報等や災害用伝言ダイヤル171に関する研修を社内研修として年１回以上実施する。

BCP訓練

項　目	説　明
①　避難訓練	地震，風水害による災害発生時の訓練を年１回程度実施する。
②　情報伝達訓練	災害時に安否確認を確実にできるようにするため，安否等の情報伝達訓練を年１回程度実施する。

(2) BCPの検証・見直しと改訂

BCPの検証，改訂を実施する

BCPは，一度，策定してしまえば完了というわけではありません。特に，近年の地球温暖化等による多雨傾向や地殻変動に伴う地震多発などの状況から，国内で発生する災害が今後大規模化することも予測されます。したがって，今後起こりうる災害を予測して，各事業の施設長・管理者の意見を聞き，必要があればプロジェクトでBCPの内容を検証し修正を行うことが必要です。

また，BCPの研修・訓練後に職員の意見を聞き，社会情勢の変化などを踏まえてBCPの見直しを行うことも必要です。

具体的には，下記の状況に該当する場合は，BCPを検証の上，改訂します。改訂は事業所内でBCP改訂の検討委員会(BCPプロジェクト)のメンバーを選出して協議をします。もし必要な場合は，専門家にアドバイスを依頼してください。

①　策定後５年を経過した場合➡概ね，５年以上７年未満で改訂する

②　被災し，BCPを発動した場合➡発災により実際に運用したBCPの内容を検証して改訂する

③　役職員から実情に沿わないとしてBCPの改訂を提案された場合
➡BCP総括責任者が提案事項を精査して，必要があれば改訂する

BCP改訂のフロー

BCP（事業継続計画）

5年のスパンで改訂検討

① 雨量・震度等の災害分析（気象庁の資料採用）
② 発生した災害内容分析（国土交通省の資料採用）
③ 施設等の周辺環境の変化（開発や河川改修等）
④ BCP本部長による計画改訂の確認

↓

BCPプロジェクトによる協議

↓

改訂BCPの策定
（BCPプロジェクトの改訂会議にて編集）

↓

BCP改訂後に職員全員が参加する研修会・訓練の開催

記載例

例1

本BCPは，年１回実施する研修および年１回実施する訓練の実施後に，災害対策委員会で協議し，見直しを行う。

災害対策委員会は，職員からBCPについて改善すべき事項について意見を聞くこととし，その内容を災害対策委員会の議論に反映する。

改訂したBCPは，委員長の決裁を経て，職員に周知する。

例2

○○事業所BCPの改訂に関する規則

1 BCPの改訂は下記の条件下で実施する

① 策定後５年を経過した場合➡概ね，５年以上７年未満で改訂する

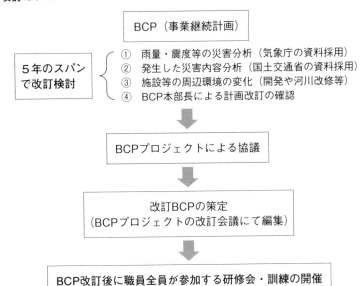

② 被災し，BCPを発動した場合➡発災により実際に運用したBCPの内容を検証して改訂する

③ 役職員から実情に沿わないとしてBCPの改訂を提案された場合
➡BCP総括管理者が提案事項を精査して必要があれば改訂する

2 BCPの改訂は，下記のとおり実施する

① BCP改訂のプロジェクト（BCP改訂の検討委員会）を発足し，当プロジェクトで協議の上，改訂する

② BCPプロジェクトは，統括管理者とデイサービスセンター施設長，在宅介護支援センター管理者，訪問看護ステーション管理者およびホームヘルプセンター長で構成される

③ 計画の適合性を確認するため，アドバイザーとして専門家へ依頼して検証することもプロジェクトで検討し対応する

3 事務局等

① BCP改訂の事務は統括管理者が担当し，プロジェクトの招集や会議録の作成を担当する

② 改訂したBCPに関する研修は，改訂BCPの完成後，速やかに開催する

例3

令和5年（2023年）策定の当事業所BCPの改訂について，下記のとおりとする

○○事業所BCP改訂規則

項　目	詳　細
① BCP改訂の時期	(1) 策定後5年以上が経過するか，「自然災害（風水害・地震）」の災害や発生状況に変化が見られる場合 (2) 統括管理者が事業所内の人事・業務内容の変更から改訂が必要と判断した場合
② BCP改訂の対応	BCPの改訂等の事務は総括管理者が担当する
③ その他	BCP改訂の経費は事業経費より賄う

読者特典のご案内

本書掲載の「事業継続計画＜BCP＞」のWordファイル（ブランクフォーマット）は，読者特典として，下記のサイトからダウンロードできます。

https://www.biz-book.jp/collections/link_file/991

（注１）ダウンロード用のBCP様式は，2023年12月の時点で書籍執筆者が校正したものであり，今後，追記・修正・訂正が必要になる可能性があります。
（注２）このBCP様式ダウンロード案内は，個別の事業継続計画書の策定を支援するものではありません。個々の計画書の策定は自己責任で策定してください。
（注３）ダウンロード方法，サービスの内容，ご利用可能な期間は，掲載者の判断によって変更する可能性があります。あらかじめご了承ください。
（注４）ダウンロードに関するお問い合わせ先：
株式会社中央経済社『介護事業のBCP策定ガイド』係
info@chuokeizai.co.jp

監修者紹介

合同会社JMCA（日本経営調査士協会 指定事業法人）

一般社団法人日本経営調査士協会の役員有志による経営支援事業法人として2008年に設立。経営コンサルティング（IPO／M&A／経営革新／事業再生／内部統制支援）事業のほか，経営教育に関わる調査研究・講習研修・教材頒布・検定受託の事業などを受託している。

［本社］〒170-0004　東京都豊島区北大塚1-13-12　全経会館4F
TEL　03（6903）4075／FAX　03（3940）9315
URL　https:// www.keieichosa.gr.jp

著者紹介

渡邊　敬二（わたなべ　けいじ）［執筆代表］

合同会社JMCA執行役員，一般社団法人日本経営調査士協会経営調査士，公益社団法人全日本能率連盟認定マネジメント・コンサルタント（J-CMC），BCPアドバイザー，行政書士（熊本県行政書士会所属）。
1976年（昭和51年）福岡大学法学部卒業後に民間企業へ就職。企業を退職後，帰郷（熊本県阿蘇市）し，団体職員や公務員を経て2014年（平成26年）に定年退職。翌年「わたなべ行政書士事務所」を設立し現在に至る。
平成12年（2000年）の介護保険開始時に，「介護保険二次判定審査会」の設置事務や担当として，また，５年間特別養護老人ホームに勤務し，介護保険事業に携わる。
熊本地震（2016年発災）後の2018年（平成30年）には，くまもと型BCP策定やBCPの普及をめざし，関西学院大学吉川晃史教授を会長とする「BCPくまもと研究会」を設立，運営し，事業継続計画（BCP）と深く関わることになる。
以後，民間企業等の事業継続計画（BCP）等の策定やセミナーの開催によりBCPの普及に携わる。

鈴木　正士（すずき　まさし）

第一勧業銀行（現みずほ銀行），光通信を経て，2001年にIPOコンサルタントとして独立。社内管理体制構築，社内規程作成，事業計画書作成の実務支援経験豊富。内部統制は2009年法制化時から実務指導に関わり，一般社団法人日本経営調査士協会主催「IPO・内部統制実務士」も資格創設から関与。これまでKLab株式会社，株式会社No.1を含め100社以上のIPO・内部統制指導を手掛ける。近年は内部統制との関わりからリスク管理の重要性に着目し，企業リスク全般のコンサルティングにも力を入れている。BCPもその一環として，株式会社No.1の顧客先へのBCP作成も数多く手掛ける。一般社団法人日本経営調査士協会顧問，セミナー講師として講演会等も多数行っている。

そのまま使える！
介護事業のBCP策定ガイド

2024年２月15日　第１版第１刷発行

監　修　合同会社ＪＭＣＡ
著　者　渡邊敬二
　　　　鈴木正士
発行者　山本継
発行所　㈱中央経済社
発売元　㈱中央経済グループパブリッシング

〒101-0051　東京都千代田区神田神保町１-35
電話　03（3293）3371（編集代表）
　　　03（3293）3381（営業代表）
https://www.chuokeizai.co.jp
印刷／㈱堀内印刷所
製本／㈲井上製本所

＊頁の「欠落」や「順序違い」などがありましたらお取り替えいたしますので発売元までご送付ください。（送料小社負担）
ISBN978-4-502-47211-4　C3034